La chasse aux bonnes histoires

Récit Netflix, Amazon Prime Video, Disney+, un écrivain raconte de l'intérieur…

LES GRANDES PLATES-FORMES DE STREAMING SONT EN QUÊTE DE SUJETS FORTS POUR CONQUÉRIR DE NOUVEAUX ABONNÉS.
SÉRIES, FILMS, DOCUMENTAIRES... LA CONCURRENCE EST FÉROCE ET LES INVESTISSEMENTS, MASSIFS POUR ÉLARGIR L'OFFRE EN CRÉATIONS ORIGINALES. AU CŒUR DU RÉACTEUR, L'ÉCRIVAIN **ALEXANDRE KAUFFMANN** NOUS RACONTE, SOUS FORME DE SCÉNARIO, LES STRATÉGIES DES AUTEURS, DES MAISONS D'ÉDITION ET DES SOCIÉTÉS DE PRODUCTION POUR DÉCROCHER LE JACKPOT.
UNE COURSE EFFRÉNÉE...
QUI NE FAIT QUE COMMENCER.

Épisode 1
FIRST LOOK

1. LANDES – MAISON FAMILIALE – EXT/JOUR

Printemps 2021. J'achève juste l'écriture d'un livre retraçant le parcours d'une fausse victime des attentats du 13 novembre 2015. L'ouvrage est en cours d'impression. La Goutte d'or, ma maison d'édition, doit m'en faire parvenir un exemplaire. Chaque après-midi, je guette la postière. Les jours passent. Rien. Je reçois enfin un appel de mon éditeur, Geoffrey Le Guilcher.

L'ÉDITEUR
(sur le ton de la plaisanterie)
Wech, gros, ça va?

Je vais avoir 46 ans. Geoffrey en affiche dix de moins. Tant qu'il me parle le langage de la rue – même avec ironie –, j'ai la faiblesse de me sentir jeune.

L'ÉDITEUR
Le livre n'est même pas imprimé que, sur le seul résumé, on reçoit déjà des propositions d'adaptation. Trois boîtes de prod sont sorties du bois. Et ce n'est sûrement qu'un début.

Je raccroche, le cœur léger. L'une des pires punitions pour un auteur est de voir son travail paraître dans l'indifférence générale. C'est aussi de bon augure sur le plan financier: les montants évoqués par ces sociétés pour la réservation temporaire des droits audiovisuels – plus de 20 000 euros à partager à égalité avec l'éditeur – sont supérieurs à l'avance que j'ai obtenue pour mon dernier livre – 10 000 euros –, somme qui n'a d'ailleurs pas été rattrapée par les ventes.

2. LANDES – FLASH-BACK – INT/JOUR

Avant 2018, aucun de mes livres – pour l'essentiel des romans et des récits de voyage – n'avait fait l'objet d'un projet d'adaptation. Leurs sujets étaient, il est vrai, assez peu vendeurs: une immersion parmi des chasseurs de babouins en Tanzanie,

FIRST LOOK (angl., *regard prioritaire*). Contrat donnant à un producteur ou à un diffuseur audiovisuels un accès exclusif au contenu d'une œuvre, afin d'en acquérir éventuellement les droits.

une histoire d'amour déçu sur fond de pandémie ou encore le récit de jeunes en perdition sur les hauts plateaux malgaches… Il y a trois ans, je me suis essayé à la *narrative non-fiction*, genre d'inspiration anglo-saxonne naviguant entre reportage et roman. Ce procédé m'a permis de mener une enquête sur les overdoses à Paris tout en racontant mon immersion au sein de la brigade des stups. Séduit par la souplesse de ce mode de narration, je m'en suis à nouveau servi pour relater une infiltration dans l'univers des indics de la police judiciaire. Ces deux «récits du réel» ont attiré l'attention de plusieurs sociétés de production. Celles-ci proposent le plus souvent à l'éditeur de préempter les droits audiovisuels sur une période donnée, le temps d'envisager un projet de série. Elles tentent ensuite de vendre ce même projet à un diffuseur, qui financera son développement.

Les offres d'adaptation de mes deux récits étant nombreuses, j'ai réussi à m'imposer comme coscénariste dans les projets retenus, espérant apprendre le métier sur le tard. J'ai alors découvert un monde inconnu, où l'on parle de «pitch» (résumé d'une œuvre en quelques phrases), de «bible» (table des lois d'une série), de «kick off» (réunion de lancement d'un projet) ou encore de «showrunner» (chef d'orchestre d'une série). Mon rôle portait lui-même un titre caressant : j'étais un «talent», terme désignant aussi bien les acteurs et les scénaristes que les réalisateurs. Tout talent qui se respecte doit avoir un «agent». En tant que journaliste d'investigation, cet attribut m'avait toujours paru exotique et vaguement prétentieux. Mais voilà, désormais, j'avais moi aussi un agent. Le simple fait de l'énoncer me procurait une burlesque impression de grandeur.

3. LANDES – MAISON FAMILIALE – EXT/JOUR

Fin avril, alors que j'attends toujours un exemplaire de mon livre, les éditions de la Goutte d'or m'appellent à nouveau.

L'ÉDITEUR
(le ton inhabituellement sérieux)
Ne fais surtout pas tourner le PDF de ton livre aux boîtes de prod. On vient de signer un accord de «first look» avec l'une d'elles.

«First look»? Un accord exclusif. Désormais, avant toute parution, la Goutte d'or ne dévoilera le contenu de ses livres qu'à une seule société audiovisuelle, Studio Fact, jeune groupe qui produit exclusivement des fictions issues d'histoires vraies et des documentaires. Visant une levée de fonds de 35 millions d'euros pour s'imposer sur le marché, cette nouvelle structure espère réaliser, dans cinq ans, un chiffre d'affaires d'une cinquantaine de millions d'euros, soit environ un cinquième de celui annoncé en 2020 par Mediawan, premier producteur audiovisuel français. Le droit de «first look» permet à celui qui y souscrit d'être le premier à poser une option sur le livre, c'est-à-dire une période définie contractuellement – le plus souvent un ou deux ans – pour développer un projet d'adaptation.

L'ÉDITEUR
Je compte sur toi. Ne montre le texte à personne, même pas à ta femme.

L'aspect confidentiel – presque conspiratif – de cette affaire me plaît. Il semble grandir le destin audiovisuel de mon livre. Je n'en transmets pas moins le PDF à ma femme…

ÉPISODE 2
UN PARFUM DE DESTIN

1. PARIS – APPARTEMENT
20ᵉ ARRONDISSEMENT – INT/JOUR

Quelques jours après la parution de mon livre, de retour à Paris, je m'installe derrière mon écran d'ordinateur pour regarder *Narcos*, une série originale Netflix. Je n'ai jamais eu de télévision chez moi, du moins depuis que j'ai quitté la maison de mes parents. Après avoir longtemps braconné des contenus en streaming sur Internet, j'ai fini par m'abonner à plusieurs services de vidéo à la demande. Pour une trentaine d'euros, j'ai désormais accès à des milliers de films et de séries. Les grandes plates-formes de streaming, toutes américaines – Netflix, Amazon Prime Video,

Disney+ et bientôt HBO Max –, se disputent le même vivier d'abonnés, celui des « jeunes adultes ». C'est avant tout par des séries originales qu'elles espèrent les attirer. Ces programmes doivent frapper les esprits. Netflix y est parvenu l'an dernier avec *Squid Game*. Cette série coréenne, record mondial de la plate-forme avec 120 millions de visionnages, lui a permis de gagner près de 5 millions d'abonnés.

La Walt Disney Company, qui ne propose des créations originales que depuis trois ans, prévoit de dépenser, en 2022, 33 milliards de dollars en contenus inédits, soit près du double de l'investissement de Netflix l'année précédente. Les deux groupes, lancés dans une fuite en avant, s'endettent pour élargir leur offre à tout prix. En France, Netflix a produit une trentaine de créations originales en 2021 – séries, films, documentaires –, ce qui place la firme californienne de Los Gatos en tête de course parmi les plates-formes. Mais la concurrence est sur ses talons. La chasse aux « bonnes histoires » ne fait que commencer…

2. PARIS – BUREAUX AGENT AGITATEUR – INT/JOUR

Je rends visite à Cyril Cannizzo, mon agent. Un quadragénaire aux cheveux poivre et sel, le regard tranchant et malicieux. Après avoir mis fin à une carrière de joueur professionnel de hockey sur glace, ce Lyonnais d'origine a exercé mille métiers : producteur de théâtre, créateur de start-up, entrepreneur à Cuba… Au début des années 2000, il crée une société française, Agent agitateur, pour défendre les intérêts de ses amis comédiens. D'abord catalogué avec hauteur comme « agent télé » par ses pairs, il a vu ce titre s'anoblir à mesure que les grands studios de cinéma – Pathé, UGC, Gaumont… – se lançaient dans la production de séries. Cyril apprécie peu les circonvolutions et les atermoiements. Tout ce qui est flou lui inspire de la méfiance.

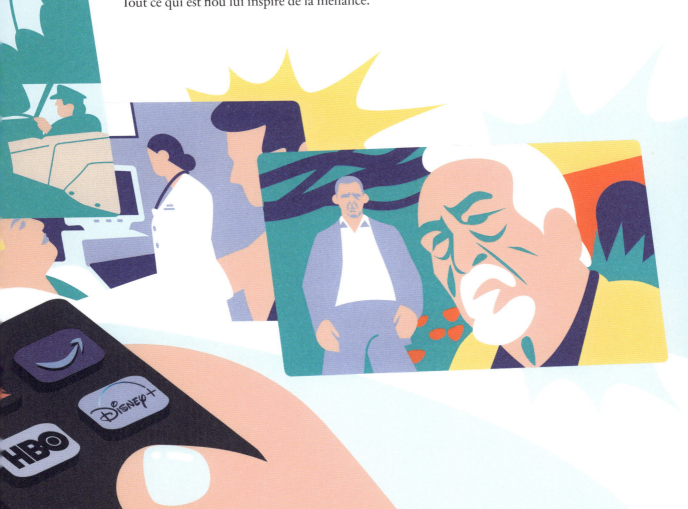

L'AGENT

(me recevant dans son bureau)
Je n'ai jamais vendu autant de projets de séries. C'est l'âge d'or des histoires longues et feuilletonnées. Ton seul cas le prouve : regarde combien de propositions d'adaptation on a reçues pour ton livre. On en est presque à une dizaine…

La course aux créations originales s'est intensifiée ces trois dernières années avec l'ouverture de nouveaux « guichets » en France. Netflix s'est lancé dans l'Hexagone en 2014, Amazon Prime Video, en 2016, Apple TV+ et Disney+, en 2019. Il est délicat, sinon hasardeux, de placer ces implantations sur le même plan. Disney, déjà présent en France à travers son parc d'attractions, ses licences et sa chaîne de télévision, est la première entreprise de divertissement au monde. Sa stratégie d'expansion n'est pas comparable à celle d'Amazon. L'entreprise de commerce en ligne inclut par exemple l'abonnement à sa plate-forme de streaming dans une offre plus large, nommée « Prime », qui permet entre autres de bénéficier de meilleurs délais de livraison à domicile. Le fondateur du groupe, Jeff Bezos, peut ainsi déclarer : « *Quand on gagne un Golden Globe, cela nous aide à vendre plus de chaussures.* » Parmi les grandes plates-formes, Netflix – start-up fondée en 1997 sur l'envoi de DVD à domicile – est la seule à proposer uniquement des contenus en streaming.

Après avoir longtemps fonctionné à perte, son modèle est arrivé à maturité en 2020, quand la firme a dégagé un flux de trésorerie positive de 2 milliards de dollars. Une affaire extrêmement rentable, donc, en dépit de son endettement massif. Si Netflix se porte bien financièrement, les marchés commencent toutefois à douter de sa capacité à recruter de nouveaux abonnés, en particulier aux États-Unis et en Europe, où la firme a récemment relevé ses tarifs pour protéger ses revenus. Ces inquiétudes, conjuguées à la forte valorisation de l'entreprise pendant les confinements, expliquent les variations boursières à la baisse de cet hiver.

Le développement d'œuvres locales, seul moyen de rallier de nouveaux abonnés, est aujourd'hui indispensable à la poursuite de sa croissance. Il s'agit d'ailleurs d'une obligation depuis l'été 2021 en France pour tous les services de vidéo à la demande, à hauteur d'un cinquième de leur chiffre d'affaires. Cet investissement devrait apporter 250 millions d'euros aux sociétés de production hexagonales en 2022, soit un quart de ce qui est dépensé annuellement par l'ensemble des chaînes traditionnelles. Certaines sociétés sont mieux positionnées que d'autres pour accueillir cette manne. Federation Entertainment, l'une des premières sociétés de production en France, a livré à elle seule l'an dernier plus de vingt séries aux plates-formes… De Paris à Los Angeles en passant par Tel-Aviv, ce groupe réunit une vingtaine de labels, auxquels on doit *Le Bureau des légendes* ou *En thérapie*. Près des deux tiers de son chiffre d'affaires – 100 millions d'euros en 2020 – sont réalisés auprès des grands services de vidéo à la demande.

Tous les acteurs à l'affût du butin des plates-formes s'accordent sur un point : il est impossible de prévoir le succès d'une série originale. Comment, dès lors, dénicher des histoires capables de galvaniser l'audience et de rallier des abonnés ?

L'AGENT

Tout ce qui est enquête et faits divers cartonne : le genre « crime et thriller » fournit déjà à la télévision française deux tiers de ses programmes de fiction… Les histoires vraies, surtout celles à caractère social, ont le vent en poupe. Mais il y en a tellement… Aux producteurs de faire le tri.

BIBLE n.f. (grec «biblia», *livres*). Dans le lexique audiovisuel, il s'agit d'un document de travail réunissant les informations fondamentales d'une série (univers, personnages, axes narratifs, etc.) pour en garantir la cohérence.

3. PARIS – CAPA PRESSE – INT/JOUR

Amandine Chambelland dirige Capa Stories, un label de documentaires évoluant dans le giron de Newen. Ce groupe, racheté en 2015 par TF1, deuxième producteur audiovisuel hexagonal derrière Mediawan, multiplie les acquisitions à l'échelle européenne, signe de la concentration à l'œuvre sur ce marché. Son chiffre d'affaires – environ 400 millions d'euros – se partage à égalité entre la France et l'étranger. L'agence de presse Capa, fleuron des reportages au ton vif et incarné, appartient désormais à une vaste structure internationale chapeautée par Bouygues.

Journaliste à la silhouette longiligne et aux yeux de chat, Amandine Chambelland s'est positionnée auprès des éditions de la Goutte d'or pour acquérir les droits audiovisuels de mon enquête sur la fausse victime du Bataclan.

LA PRODUCTRICE DE CAPA
(avec une pointe d'ironie)
Votre éditeur n'a pas retenu mon offre car elle se limitait à une adaptation documentaire. Il fallait apparemment y ajouter une proposition «fiction» et une autre «podcast», mais nous n'avons pas eu le temps de le faire. Cette exigence d'offres en package profite de l'environnement ultraconcurrentiel. C'est assez nouveau dans notre domaine… Ça permet bien sûr à votre éditeur d'optimiser l'adaptation de ses livres.

Amandine cherche des faits divers susceptibles d'être transformés en séries documentaires sur les plates-formes, déclinaisons plus ambitieuses et rémunératrices que les programmes unitaires. Cette quête est devenue son obsession.

LA PRODUCTRICE DE CAPA
(tirant avec fébrilité sur sa vapoteuse)
Je me réveille la nuit de peur d'être passée à côté d'une bonne histoire! Je prends des notes, j'écoute un podcast ou je relis le passage d'un livre. Autrefois, l'actualité s'imposait avec une forme d'évidence; aujourd'hui, il faut trouver des histoires.

Amandine promène un regard à la fois las et gourmand sur son bureau, où est posé un livre, *Dans les geôles de Sibérie*, l'histoire d'un ancien directeur de l'Alliance française d'Irkoutsk, accusé à tort de pédophilie par les autorités russes.

LA PRODUCTRICE DE CAPA

Ce récit ferait une excellente série documentaire pour les plates-formes… Comme l'un des livres les plus convoités du moment: *L'Inconnu de la Poste*, de Florence Aubenas. L'histoire d'un crime mystérieux dans un village de l'Ain. Capa Stories est encore dans la course…

La curiosité inquiète d'Amandine s'avère payante: Netflix vient de «greenlighter» (accepter) l'une de ses propositions. Le thème? Un «true crime» (une affaire criminelle) dont le sujet est pour l'heure confidentiel, mais qui a «défrayé la chronique en son temps». En France, selon une enquête de l'Institut national de l'audiovisuel, la couverture des faits divers a augmenté de 73% dans les journaux télévisés au cours de la dernière décennie.

Dans un livre drôle et enlevé, *Sous le charme du fait divers* (éd. Stock), Mara Goyet écrit que le «*bon fait divers*» doit «*exhaler un parfum de destin*» sur un fond d'ennui, au sein d'un territoire bien défini. Il lui faut aussi une note burlesque qui bouscule

les causalités habituelles, comme « *un cambrioleur, pendant un vol, surpris par un autre cambrioleur* ». « *Ce n'est ni une saga, ni une légende, ni un conte, ni un corpus, ni une mythologie : c'est un réservoir banal et imprévisible d'évocations.* » En d'autres termes, la bonne histoire fait figure de mouton à cinq pattes…

LA PRODUCTRICE DE CAPA

Pour trouver le Graal, notre groupe, Newen, a mis en place un service de veille. Cinq personnes compulsent à temps plein les journaux du monde entier, les podcasts, les nouvelles parutions de livres… Chaque semaine, je reçois une note avec un panorama de la presse, des propositions de rachats de séries étrangères, une liste d'ouvrages susceptibles d'être adaptés.

Les sociétés concurrentes de Newen possèdent, elles aussi, des départements spécialisés dans la chasse aux « IP » (« intellectual properties »), droits de propriété sur les œuvres. Certaines, en plus des contrats de first look avec les maisons d'édition, nouent des partenariats exclusifs avec des titres de presse pour se réserver l'adaptation de leurs reportages. En témoignent les accords passés récemment entre Federation Entertainment et le magazine *Society* ou encore entre Studio Fact et le quotidien *Le Parisien*. Il se murmure que Netflix a l'intention de s'engager directement dans la course : la firme aurait fait une proposition financière au journal *Le Monde* pour bénéficier d'un accès privilégié à ses contenus.

Ce type de partenariats existe depuis une dizaine d'années aux États-Unis, où la course aux IP continue de faire rage. Les géants du streaming ont pour tradition d'acquérir ces droits de propriété « à perpétuité » et « pour l'univers ». Les films et les séries sont inscrits sur leur seul catalogue, sans partage ni intéressement : les sociétés de production interviennent comme de simples fabricants – leur contrat précise d'ailleurs qu'elles « exécutent » une commande. En contrepartie, les grandes plates-formes américaines leur versent une somme en moyenne trois fois supérieure à celle dont s'acquittent les chaînes françaises.

UN PRODUCTEUR SOUHAITANT RESTER ANONYME

(*voix tempétueuse au téléphone*)
Cette tradition venue des États-Unis est une véritable menace pour nous. On repère un livre pour l'adapter en série, on réfléchit sur le projet, on le produit ;

bref, on crée une œuvre audiovisuelle. Et les plates-formes, parce qu'elles apportent l'essentiel des fonds, appellent ça une «création originale»… Elles en prennent tous les droits. En France, un décret, publié l'été dernier sur les services de médias audiovisuels à la demande, tente quand même d'enrayer cette tendance. Sans ça, c'est la mort de la production indépendante…

ÉPISODE 3
OPTIONS PAR MILLIONS

1. PARIS – SALON APPARTEMENT – INT/JOUR

La moitié des films ayant dépassé deux millions d'entrées en salle sont tirés d'un livre. Les romans et les récits offrent un avantage décisif aux producteurs et aux diffuseurs : un substantiel gain de temps. S'appuyer sur un ouvrage permettrait de gagner en moyenne deux ans dans l'écriture d'un scénario. Cet atout est particulièrement apprécié dans la fabrique des séries, où tout va plus vite. Depuis trois ans, les projets d'adaptation de livres en séries se multiplient. Face à cette fringale, les maisons d'édition étoffent leur «département audiovisuel». Gallimard, Fayard ou la Goutte d'or ont créé des sociétés de production en interne pour accompagner les auteurs dans le processus d'adaptation et s'imposer comme coproducteurs.

Au sein du groupe Média-Participations, qui réunit une trentaine de maisons d'édition – parmi lesquelles Dargaud, Dupuis ou Le Seuil (actionnaire de la revue *XXI*) –, Laurent Duvault incarne cette professionnalisation des départements audiovisuels. Son catalogue est tellement convoité par les sociétés de production qu'on le surnomme «l'homme aux mille options».

L'HOMME AUX MILLE OPTIONS
(au téléphone, sur le ton de la plaisanterie)
Ce surnom n'est pas justifié : mon équipe ne gère que deux cents contrats d'adaptation ! Il y a encore cinq ans, les projets de séries ne représentaient qu'un cinquième des offres que je recevais, tout le reste concernait des projets de films. Le rapport s'est inversé. Les nouvelles propositions exigent aujourd'hui une vigilance particulière. Quand il s'agit de développer des séries, les sociétés de production peuvent être tentées de poser des options à la légère sur les livres : les bibles qu'elles présentent aux diffuseurs, qui ne sont que des condensés de projet, leur coûtent beaucoup moins cher que des scénarios de film. À la première difficulté, elles hésitent moins à laisser de côté ces projets à «moindre coût». Il faut donc se méfier, même si certaines offres parlent d'elles-mêmes, comme celle de l'étudiant qui s'improvise producteur pour développer une série au Groenland en hypothéquant la Megane de ses parents ! D'autres sont plus déroutantes et insidieuses : la course aux IP s'est tellement emballée qu'un fonds de pension américain m'a proposé d'acheter les droits audiovisuels d'un personnage de BD viking, comme une sorte de valeur refuge. Hors de question : Média-Participations est un groupe patrimonial. Notre richesse, c'est nos auteurs et notre catalogue.

STREAMING (du verbe anglais « to stream », *ruisseler*). Au sens figuré, ce terme désigne une technique de diffusion en ligne et en continu d'un flux de données multimédias, qui permet une lecture en direct, sans avoir à télécharger de fichiers.

2. PARIS – RESTAURANT DE LA RUE DU FAUBOURG-SAINT-HONORÉ – INT/JOUR

Je retrouve les fondateurs du groupe audiovisuel Studio Fact dans un restaurant chic pour signer un contrat d'option sur mon livre. Parmi la dizaine de propositions, leur package – droits fiction, documentaire et podcast – s'est détaché sur le plan artistique et financier. Avant la signature, il a été convenu que je participerais à l'écriture de tous les formats. C'est sur le projet de fiction que je fonde le plus d'espoirs. Les dirigeants de Studio Fact m'annoncent d'ailleurs que la plate-forme HBO Max, qui sera disponible en France en 2022, est « intéressée » par l'adaptation de mon livre.

Il existe plus d'affinités qu'on ne le pense entre littérature et séries : longues séquences temporelles, découpage en chapitres, valorisation des personnages… « *Dans une série, vous avez le temps pour creuser et parler de personnages complexes* », confiait l'écrivain américain Michael Connelly en 2017, alors qu'il travaillait à l'adaptation d'une partie de ses romans pour Amazon Prime Video. L'auteur français Philippe Djian s'est inspiré des codes narratifs des séries pour écrire *Doggy Bag*, dont la première saison est parue en 2005.

Le journalisme hexagonal est lui aussi gagné par ce procédé formel, comme en témoignent les reportages structurés en épisodes du média en ligne *Les Jours*. Que ce soit sur les plates-formes, à la télévision, dans les livres ou au fil des podcasts, la « fièvre sérielle » sert une même finalité : capter l'attention. Les consommateurs demeurent éternellement suspendus à la suite, incapables de se soustraire à l'addiction narrative. C'est le principe du *binge-watching* (« visionnage boulimique »), né au début des années 2010 sur les plates-formes de streaming : « Tous les épisodes disponibles dès maintenant ! »

3. PARIS – CAFÉ 12ᵉ ARRONDISSEMENT – INT/JOUR

Gabriela Kaufman, Franco-Argentine d'une cinquantaine d'années, des reflets roux dans les cheveux, pousse la porte du bar. Cette femme élégante officie comme « scout littéraire » pour Mediawan, le premier groupe audiovisuel français, créé en 2015 par Pierre-Antoine Capton, Xaviel Niel et Matthieu Pigasse. Cette structure a réalisé en 2020 un chiffre d'affaires d'environ 250 millions d'euros – passé à un milliard l'année suivante, après de nombreuses acquisitions.

LA SCOUT LITTÉRAIRE

(s'asseyant à ma table)
Mon métier est encore peu connu en France. On me demande souvent ce qu'est le «scouting littéraire». Cela consiste à repérer et sélectionner des ouvrages susceptibles d'intéresser les producteurs et donc, *in fine*, les diffuseurs. Des milliers de titres sortent chaque année en France… Six lecteurs travaillent en indépendants pour ma société, Story Watch. On doit être rapides et réactifs. D'ailleurs, au printemps, nous avions repéré votre livre. Je l'avais signalé à une productrice de Mediawan. Apparemment sans suite…

Il y a seulement un an, Story Watch officiait pour plusieurs sociétés audiovisuelles, contrairement à la pratique en cours aux États-Unis, où les scouts littéraires travaillent le plus souvent en exclusivité avec un studio ou un producteur. L'été dernier, la concurrence et les concentrations s'accélérant en France, Gabriela a recentré toutes ses activités autour du groupe Mediawan.

LA SCOUT LITTÉRAIRE

La course aux bonnes histoires entraîne des contrats d'exclusivité à tous les niveaux. Netflix vient de préempter l'univers entier de l'écrivain britannique Roald Dahl. Le montant de la transaction serait de 700 millions de dollars, selon la chaîne anglaise Sky News. La plus grosse acquisition de la plate-forme à ce jour. Trois ans plus tôt, Netflix s'était déjà offert l'exclusivité d'une quinzaine de romans de Harlan Coben, le «roi du thriller».

La firme de Los Gatos a d'autant plus besoin de ces IP (propriétés intellectuelles) que Disney, le plus sérieux de ses concurrents, lui a retiré en 2019 son immense catalogue, qui comprenait entre autres l'univers de *Star Wars*, de Pixar et de Marvel Comics… Netflix n'a lancé son premier contenu original qu'en 2013 : *House of Cards*, l'adaptation d'une série britannique. Impatiente de rattraper ce «retard de catalogue», la plate-forme s'endette d'une année à l'autre pour acquérir des IP et offrir davantage de créations originales.

ÉPISODE 4

LE BASTION

1. PARIS – BUREAU DE NETFLIX – EXT/JOUR

J'ai décroché un rendez-vous dans les bureaux parisiens de Netflix, non loin de l'opéra Garnier, sur la place Édouard-VII, qui ressemble curieusement à un décor de théâtre. Me voilà au pied de ce bastion que toutes les sociétés de production rêvent de forcer. La firme a longtemps cultivé le secret, aussi bien sur ses négociations que sur ses audiences – rendues publiques depuis l'automne 2021. Parmi les plates-formes américaines installées en France, c'est pourtant la seule qui ait répondu favorablement à mes demandes d'entretien. À condition, toutefois, de fournir à l'avance une trame de mes questions…

Disponible en France depuis 2014, Netflix n'y a ouvert un bureau qu'en 2020. L'antenne parisienne est la quatrième de la plate-forme en Europe, après Amsterdam, Londres et Madrid. Depuis ces points d'attache, la firme étend ses tentacules : partenariats avec des écoles de cinéma, projets de festivals, mécénat pour la restauration de films, *escape games* autour de ses séries, rachat de studios de jeux vidéo… Faire l'actualité. Collectionner distinctions et récompenses. Être partout. Tout le temps. Telles sont les conditions pour rester en tête de course.

Dans son plan « France 2030 », le président Emmanuel Macron ambitionne de contrer ce *soft power* en favorisant l'investissement dans les grands studios, les filières techniques de l'image ou les écoles de scénaristes. S'il est surtout question de renforcer les atouts de la production française, l'émergence de plates-formes capables de rivaliser avec celles des États-Unis est laissée de côté. Comme si la bataille de la diffusion était déjà perdue.

2. PARIS – BUREAU DE NETFLIX – INT/JOUR

Le fief est bien gardé. Au rez-de-chaussée, un homme à la carrure imposante se tient debout, près de l'hôtesse. Il porte un polo aux couleurs de la firme. Noir avec un « N » rouge sur la poitrine. On m'invite à prendre l'ascenseur, dont un badge déverrouille l'accès. En deux ans, le nombre de collaborateurs de ce bureau parisien a doublé, atteignant près de quatre-vingts personnes. Joïakim Tuil, responsable de la communication, et Jimmy Desmarais, en charge du développement des séries originales, m'attendent au dernier étage. Une baie vitrée donne sur une terrasse en teck qui domine les toits de la capitale. Les deux hommes me conduisent vers une salle de réunion. Portes hermétiques, sièges confortables. Un téléphone à large clavier est posé sur la table en bois vernis.

JOÏAKIM TUIL
(se penchant sur sa montre)
Nous avons quarante-cinq minutes…

Sans perdre de temps, je m'enquiers de la stratégie pour repérer les bonnes histoires.

JIMMY DESMARAIS
(teint hâlé, chemise cintrée, regard clair et perçant)
Nous n'avons pas de système de veille en tant que tel. Au sein des équipes, chacun essaie de se montrer vigilant. La chasse aux bonnes histoires commence par la lecture des cent cinquante projets de séries qu'on nous propose chaque mois…

Si mes calculs sont exacts, les équipes françaises de Netflix reçoivent donc chaque année près de mille huit cents propositions de séries. En 2021, le bureau parisien en a retenu moins de dix, soit environ 0,5 %. Un ratio à faire passer le concours de l'École polytechnique pour une épreuve de cancres…

JIMMY DESMARAIS
Le choix d'une histoire peut relever d'un coup de cœur personnel. J'ai par exemple repéré une adaptation, qui me semblait très prometteuse, du livre *Les 7 Vies de Léo Belami*, de Nataël Trapp, le récit d'un jeune homme voyageant dans le temps, dans des corps différents, à la recherche d'un assassin.

IP ou INTELLECTUAL PROPERTY (angl., *propriété intellectuelle*). Désigne l'ensemble des droits exclusifs accordés à son auteur pour une création intellectuelle, comme un livre ou un scénario.

On s'est directement portés acquéreurs des droits audiovisuels, afin de sécuriser l'IP. Nous avons ensuite choisi une société de production pour mettre le projet en œuvre. La série sort au printemps.

Nées au début des années 1990 sur le câble américain, les séries Premium ont élargi le champ de la fiction. En particulier sur HBO (Home Box Office). Indépendante des annonceurs, cette chaîne payante a bénéficié d'une grande liberté de ton, loin des thèmes familiaux de la télévision gratuite. Une quinzaine d'années plus tard, les plates-formes de streaming, elles aussi affranchies des exigences de la publicité, ont poursuivi cette ouverture. Netflix a exploré des arènes inédites, privilégiant des sujets autrefois considérés comme marginaux – banlieues, ruralité, difficultés des minorités… – ou transgressifs – drogues, sexe, violence… J'ai moi-même profité de cette ouverture. Il y a quinze ans, mes enquêtes sur les overdoses ou les indics abonnés au crack n'auraient jamais intéressé les sociétés de production.

Les services de vidéo à la demande n'en doivent pas moins, à présent, satisfaire les goûts de leur public, celui des «jeunes adultes». Pour les séduire, un autre type de formatage est à l'œuvre, fait de fausses transgressions et de dramaturgies excessivement digestes. «Easy to follow» (facile à suivre), «easy to understand» (facile à comprendre), telles sont les consignes de Netflix à ses équipes de création. Les histoires retenues par les plates-formes partageraient-elles une disposition à la standardisation, devenant pour les séries ce que les Chicken McNuggets sont à la restauration?

JIMMY DESMARAIS

(sincèrement surpris par la question)
Comment pourrait-on être uniformes en proposant des registres si différents? Teen drama, thrillers, aventures, documentaires, comédies… Et nous ne sommes même pas soumis à des standards internationaux. Ce que nous faisons en France est avant tout destiné au public français. Après, si ces créations s'exportent, tant mieux.

Une série comme *Lupin*, inspirée de l'univers du gentleman cambrioleur, semble pourtant conçue pour voyager, tant du point de vue de la dramaturgie que de celui des décors, avec Paris et le Louvre en toile de fond. L'œuvre compte parmi les records mondiaux non anglophones de Netflix avec plus de 75 millions de visionnages.

Reed Hastings, cofondateur de la firme, affirmait en 2017 vouloir « *créer une audience mondiale pour des productions locales* ». La fameuse stratégie de « glocalisation ». Cette feuille de route impose-t-elle les mêmes codes narratifs aux quatre coins de la planète ou favorise-t-elle l'expression des singularités locales ?

3. PARIS – RUE DU 20ᵉ ARRONDISSEMENT – EXT/JOUR

Quelques jours après mon rendez-vous place Édouard-VII, j'apprends que Studio Fact a fait parvenir à Netflix notre projet de série documentaire sur la fausse victime du Bataclan. Dans l'espoir d'obtenir une réponse favorable, devrais-je revoir certains passages de cet épisode ?

ÉPISODE 5
MADE IN FRANCE

1. PARIS – TERRASSE CAFÉ 15ᵉ ARRONDISSEMENT – EXT/JOUR

Je retrouve Élodie Polo Ackermann à la terrasse d'un café, près des arches du métro aérien de la ligne n° 6. Cette jeune femme dirige la société de production Imagissime, label de Mediawan à l'origine de la série documentaire sur l'affaire du petit Grégory, diffusée par Netflix en 2019. Si l'œuvre a été produite en France, elle n'en a pas moins figuré dans le top 10 de la plate-forme aux États-Unis, sous le titre *Who Killed Little Gregory*. Dans la forme sérielle, Élodie Polo Ackermann a trouvé l'opportunité de raconter des histoires autrement.

LA JEUNE PRODUCTRICE

Quand j'ai développé cette série, Netflix n'avait pas encore de bureaux à Paris. J'étais en contact direct avec les équipes de Californie. Pour valoriser la multiplicité des points de vue, j'ai mis en place un atelier d'écriture autour

d'un showrunner (le chef d'orchestre de la série), avec entre autres une journaliste d'investigation et une scénariste venue de la fiction. Ce genre de «writers' room» était alors un dispositif inhabituel pour le documentaire en France…

En empruntant les codes de la fiction, les séries documentaires déploient une narration horizontale, où les personnages, placés au premier plan, favorisent l'engagement émotionnel des spectateurs. Ce format rompt en effet avec les habitudes des chaînes françaises, adeptes des classiques documentaires unitaires, construits autour d'une question analytique en surplomb : «Libye, qui sème le chaos?»; ou : «Qui gouverne à Washington?»

2. PARIS – LIGNE DE MÉTRO N° 6 – EXT/JOUR

Ralliant la station Sèvres-Lecourbe, je m'interroge encore sur le succès de la série *Grégory* en dehors de l'Hexagone. Loin de l'image iconique de la France – Paris, la Côte d'Azur…–, l'enquête se déroule dans un village perdu des Vosges. En dépit de son humour et de sa clairvoyance, Mara Goyet, l'auteure de *Sous le charme du fait divers*, s'est trompée en affirmant qu'un bon fait divers «*résiste comme personne*

WRITERS' ROOM (angl., *chambre d'écriture*).
Lieu de travail où se réunissent tous les scénaristes et le showrunner d'une série pour en écrire les différents épisodes.

à la mondialisation ». Pour elle, *« il n'y a pas de délocalisation en ce domaine […], le "fait maison" prédomine ».* Son livre est paru en 2016, à une époque où seules deux grandes plates-formes étaient présentes dans l'Hexagone : Netflix et Amazon Prime Video. Depuis, les géants du streaming ont prouvé que les faits divers « Made in France » pouvaient franchir les frontières. Au risque de soumettre les bonnes histoires à une dramaturgie unique, consommable n'importe où dans le monde ? Dans l'espoir de trouver une réponse, je file vers un autre rendez-vous, près de la halle Secrétan, dans le 19ᵉ arrondissement.

3. PARIS – LIGNE DE MÉTRO N° 2 – INT/JOUR

Les séries documentaires inspirées de faits divers sont devenues l'une des marques de fabrique de Netflix : *Making a Murderer* (2015), *Wild Wild Country* (2018) ou *Tiger King* (2020). Ce type d'enquêtes feuilletonnées n'a pourtant pas vu le jour sur la plate-forme américaine. Le cinéaste français Jean-Xavier de Lestrade a signé, en 2004, la première série remarquée dans ce registre, *The Staircase (Soupçons)*, couronnée par d'innombrables prix. Cette innovation est née d'un concours de circonstances. Après avoir suivi le parcours vertigineux de Michael Peterson, écrivain américain soupçonné du meurtre de sa femme, Jean-Xavier de Lestrade s'est retrouvé avec des centaines d'heures de tournage. Il a pris le parti d'abandonner le format habituel des documentaires pour monter son enquête en série. Les treize épisodes, addictifs, s'étendent sur une quinzaine d'années. Les premiers ont été diffusés par Canal+, les derniers par Netflix…

« *J'avais la volonté de filmer les personnages comme des personnages de fiction et de structurer et monter ce matériel comme dans la fiction*, explique le réalisateur à la chercheuse Ana Vinuela, maître de conférences à l'université Sorbonne Nouvelle. *[…] C'est la dramaturgie qui prime et cela se traduit par une scénarisation très élaborée.* » Procédé promis à un bel avenir. D'autant qu'une série fiction, adaptée du documentaire, sera diffusée cette année sur HBO Max…

4. PARIS – STATION DE MÉTRO JAURÈS – EXT/JOUR

Un appel de Studio Fact m'apprend que Netflix a recalé notre projet de série documentaire sur la fausse victime du Bataclan. Le synopsis a paraît-il été apprécié, mais la plate-forme développe déjà un programme autour du 13-Novembre.

Studio Fact envisage de soumettre le projet à Amazon Prime Video ou Disney+. C'est l'avantage de la multiplication des guichets : il y a toujours une seconde chance...

5. PARIS – CAFÉ 19ᵉ ARRONDISSEMENT – EXT/JOUR

Avant de rejoindre la writers' room de *Grégory*, la journaliste Patricia Tourancheau avait réalisé une douzaine de documentaires pour les chaînes françaises. Au sein de l'atelier d'écriture, la toute menue spécialiste de faits divers a découvert de nouveaux protocoles de travail.

LA JOURNALISTE DE FAITS DIVERS
(fumant sa cinquième cigarette, à l'ombre de la halle Secrétan)
Les histoires intéressantes pour les plates-formes reposent sur des ressorts universels, comme dans l'affaire Grégory. La famille, la jalousie, la vengeance... Il faut les raconter en assumant un point de vue bien précis. Mais dans la dramaturgie sérielle, c'est surtout l'épaisseur humaine des protagonistes qui est indispensable.

Tous ceux qui ont participé à la fabrique de séries documentaires pour Netflix – de *Grégory* au *Quatrième Procès* en passant par *Chambre 2806 : l'affaire DSK* – décrivent le même encadrement : un haut niveau d'exigence, une réactivité imparable et un esprit de bienveillance.

« *C'était une découverte pour moi*, raconte un talent impliqué dans l'un de ces projets. *J'étais en liaison directe avec les équipes créatives américaines. L'échéance de chaque étape était mentionnée sur mon contrat. Leurs retours étaient d'une précision diabolique. Et, contrairement à ce qu'on pourrait croire, toujours très positifs. On ne me disait jamais : "Ce n'est pas bien." Les équipes de Netflix employaient plutôt des formules comme : "Nous n'avons pas bien compris ce point, mais on vous encourage à le développer." J'ai trouvé dans cette expérience beaucoup plus de liberté qu'avec les chaînes traditionnelles. Même s'il fallait bien sûr tenir le rythme et assurer des "cliffhangers" [suspense de fin d'épisode], ce qui relève pour moi du bon sens narratif.* »

Pour répondre aux nouvelles exigences des plates-formes – adossées à des budgets confortables –, les sociétés de production préparent aujourd'hui des synopsis qui ressemblent en tous points à des bibles de séries : concept, arches narratives, fiches personnages... À Capa Stories, Amandine Chambelland fait travailler des journalistes en amont, parfois pendant plusieurs mois, pour repérer les enjeux narratifs et les personnes prêtes à témoigner. À l'heure où fleurissent les *fake news*, de telles similitudes entre documentaires et fictions n'entretiennent-elles pas une confusion entre le vrai et le faux ?

LA JOURNALISTE DE FAITS DIVERS
Aucune confusion possible en ce qui me concerne. Les documentaires auxquels j'ai participé pour Netflix – *Grégory* et, plus récemment, *Les Femmes et l'assassin*, sur le tueur en série Guy Georges –, sont très scénarisés, mais ils respectent rigoureusement l'exactitude des faits. La frontière est parfaitement claire. Je peux en plus m'imposer des limites personnelles : je m'interdis par exemple toute reconstitution avec des acteurs. Je les ai en horreur...

CLIFFHANGER (angl., littéralement: *personne suspendue à la falaise*) Dans la terminologie des séries, ce terme désigne une fin d'épisode ouverte, en suspens, créant chez le spectateur l'irrépressible envie de regarder le suivant.

ÉPISODE 6
BARDES NUMÉRIQUES

1. PARIS – SALON APPARTEMENT – INT/JOUR

Alors que mon fils aîné, planté face à l'ordinateur, regarde une série pour enfants sur Netflix, je joins par téléphone David Elkaïm, le coscénariste de la version française de *En Thérapie*, la fiction d'Arte. Pour lui, la notion de « bonne histoire » n'a pas de sens.

DAVID ELKAÏM

L'idée de départ a peu d'importance. C'est la manière dont on la développe qui compte. À la fin, en revanche, il est indispensable que les spectateurs s'attachent aux personnages, quels qu'ils soient.

David Elkaïm est un pionnier. En 1997, il a été le premier élève de La Fémis – la prestigieuse école parisienne des métiers de l'audiovisuel et du cinéma –, à présenter une bible de série comme projet de fin d'études.

DAVID ELKAÏM

J'y racontais les aventures d'une sorte d'Iznogoud dans le monde de la gastronomie. À l'époque, les séries n'étaient pas forcément bien vues. J'ai essuyé pas mal de quolibets…

La chasse aux bonnes idées, hier comme aujourd'hui, serait donc inutile? Gustave Flaubert assurait que « *l'histoire d'un pou peut être plus belle que celle d'Alexandre* ». William Shakespeare, lui, ne cherchait pas loin l'intrigue de ses pièces. Le « barde de Stratford » se contentait de reprendre des histoires en vogue. *Roméo et Juliette* s'inspire d'un conte italien ; *Hamlet*, d'une légende danoise. Quatre siècles plus tard, pourquoi les plates-formes se fatigueraient-elles à chercher de bonnes idées quand on leur en propose des centaines chaque mois ? De Shakespeare, en revanche, il n'en est qu'un par siècle…

2. PARIS – APPARTEMENT DU 11ᵉ ARRONDISSEMENT – INT/JOUR

Je sonne à la porte de Fanny Burdino et Samuel Doux. Studio Fact et ses associés ont convaincu ce couple de scénaristes chevronnés de développer avec moi le projet de fiction sur la fausse victime du Bataclan. Une belle prise, qui compte autant sinon plus que l'idée de départ. Avec ces talents, une bible prend forme. HBO Max suit les étapes de notre travail avec intérêt, même si rien n'est encore signé. En cas de déconvenue, les producteurs pourront se tourner vers d'autres diffuseurs. Nombre d'auteurs se retrouvent comme moi perdus dans un pèlerinage de guichets, espérant une issue favorable d'un refus à l'autre…

Les maisons d'édition ont appris à garder la tête froide face aux fantasmes suscités par le cinéma et les séries. Laurent Duvault, «l'homme aux mille options», responsable du pôle audiovisuel de Média-Participations, confie que la plupart des projets coûtent davantage qu'ils ne rapportent. Le montant minimum d'une option sur un livre – entre 3 000 et 5 000 euros – couvre à peine les frais d'avocat engagés pour établir les contrats. Et moins d'un projet sur dix se concrétise. Un ratio que les séries tirent à la baisse: l'engagement des producteurs dans le développement des bibles – au-delà du coût de l'option – est moins onéreux, en moyenne de 8 000 à 12 000 euros. L'investissement dans la seule écriture d'un scénario est près de dix fois plus élevé.

Lorsque la série aboutit, l'éditeur partage le plus souvent un « minimum garanti » à égalité avec l'auteur. Environ dix fois le montant de l'option, soit entre 30 000 et 50 000 euros. « *On pense que le cinéma et les séries sont des cornes d'abondance pour les maisons d'édition*, explique Delphine de la Panneterie, qui s'occupe du pôle audiovisuel de la maison Flammarion. *En réalité, ces domaines occupent une place marginale dans leur chiffre d'affaires.* »

Impatients d'accueillir la manne des plates-formes, les producteurs de documentaires ont essuyé une cruelle déception. Sur le minimum de 250 millions d'euros que les services de vidéo à la demande sont tenus d'investir dans les créations audiovisuelles françaises et européennes en 2022, à peine 3 millions leur sont réservés, le reste étant consacré à la fiction. Soit le coût de la série sur l'affaire Grégory. Un montant qui leur paraît d'autant plus incompréhensible que les autorités françaises et européennes misent sur le dynamisme de la production pour contrer le *soft power* des géants américains.

De fait, Mediawan et Federation Entertainment, grands gagnants de l'essor des plates-formes, ne cessent de s'agrandir et de s'européaniser. « *Le pouvoir français encourage la production, mais semble avoir laissé de côté la bataille de la diffusion*, affirme un membre de l'état-major d'une chaîne nationale. *C'est dommage, ça n'est pas la manière la plus efficace de contrer le "soft power" américain…* »

3. PARIS – ÉCOLE LA FÉMIS – INT/JOUR

15 octobre 2021. Ce soir a lieu un rendez-vous très attendu à la Fémis, l'École nationale supérieure des métiers de l'image et du son : la présentation des travaux de fin d'études du cursus « Écritures et création de séries ». Les six élèves de la promotion s'apprêtent à dévoiler leur projet dans la salle Jean-Renoir, devant cent cinquante personnes – producteurs, agents, diffuseurs… Ces étudiants sont le plus souvent « chassés » avant la fin de leur formation.

Pour se rapprocher de ce précieux gibier, plusieurs diffuseurs apportent un soutien financier à ce cursus : Canal+, TF1, Arte ou Netflix… Pour la firme de Los Gatos, cette conquête des nouveaux talents s'appuie aussi sur des partenariats avec l'école Kourtrajmé ou le Conservatoire européen d'écriture audiovisuelle. Décrocher le bon talent, tel est le nerf de la chasse.

SHOWRUNNER (angl., *maître du spectacle*). Personne qui assure la cohérence globale d'une série télévisée. Souvent coproducteur de l'œuvre, il en supervise l'écriture, le casting, le montage ou le budget.

Les élèves de la Fémis se succèdent sur la scène, devant un public silencieux. Drame carcéral, comédie, teen drama : la description des intrigues et des personnages, réglée à la seconde près, est si bien orchestrée qu'on en oublierait presque qu'il s'agit d'étudiants.

ÉTUDIANTE N° 1

Quand Alma et Noé, la trentaine bien tassée, emménagent ensemble, c'est pour être un couple moderne qui mange bio, fume des clopes et se partage les tâches ménagères…

ÉTUDIANTE N° 2

Paris, 1917. Constance Laubèle, 19 ans, est issue de la bourgeoisie mais se sent proche des classes populaires…

ÉTUDIANT N° 3

À 16 ans, Anthony n'aurait jamais pensé qu'il se transformerait en homme-serpent…

Les présentations recueillent un tonnerre d'applaudissements. Un buffet attend les invités à l'étage inférieur. Tables sur tréteaux, gobelets en plastique, pizzas dans leur carton : on se sent enfin dans une école… Les représentants de Canal+, Arte et Netflix rôdent dans l'assistance, cherchant des successeurs aux anciens élèves qui ont vu leur projet de fin d'étude se concrétiser, à l'image de *Irresponsable* (2016), *HP* (2018) ou *Ovni(s)* (2019). Frédéric Garcia a été suivi de près par Netflix après sa sortie de l'école, en 2016. La plate-forme lui a proposé un accord d'exclusivité et une place de showrunner pour développer l'un de ses projets. La firme a pris à sa charge la rupture de tous ses autres engagements. La série *Mortel*, un teen drama, a vu le jour en 2019.

4. PARIS – CAFÉ DES BUTTES-CHAUMONT – EXT/JOUR

Quelques jours après la présentation à La Fémis, je retrouve l'élève le plus jeune de la promotion, l'« Étudiant n° 3 ». Il se nomme David Fortems. Normalien pétillant de 25 ans, il a publié un livre remarqué par la critique en 2020, *Louis veut partir* (éd. Robert Laffont). Avant même l'achèvement de son projet de fin d'études, intitulé *Détraqués*, un producteur lui a proposé d'en acquérir les droits. Le jeune talent a déjà signé le contrat, quand bien même sa prestation dans la salle Jean-Renoir a suscité de nouvelles offres…

LE JEUNE SCÉNARISTE

(ouvrant ses e-mails sur son téléphone)
Depuis cette soirée, douze boîtes de prod m'ont fait part de leur intérêt. Plus une que je découvre en ouvrant ma messagerie. Ça fait treize.

David Fortems semble incrédule face à ces sollicitations. D'autant qu'on réclame aussi sa plume pour participer à des séries déjà lancées.

5. PARIS – BUREAU DE FANNY HERRERO – INT/JOUR

Les plates-formes ne se contentent pas de recruter des talents à la sortie de l'école. Elles proposent également des contrats exclusifs aux meilleurs créateurs de séries. Netflix a ainsi préempté la prochaine idée de Fanny Herrero, la brillante scénariste qui a conçu *Dix pour cent*, adaptée et récompensée partout dans le monde.

FANNY HERRERO

En 2019, après sept années passées à travailler exclusivement sur la série *Dix pour cent*, j'ai décidé de m'arrêter à la fin de la saison 3. J'avais besoin de souffler et de faire la place à d'autres histoires. Les équipes de Netflix m'ont alors proposé de m'accompagner dans la recherche de nouvelles idées. Le contrat prévoyait une première collaboration sur six mois, pendant lesquels je devais leur soumettre trois propositions de concept, chacune pouvant tenir sur une ou deux pages.

Preuve que le recrutement des talents, pour les services de vidéo à la demande, prime sur la quête des histoires.

FANNY HERRERO

Nous avons retenu l'idée d'une « dramédie » autour du stand-up, dont la scène explose en France. La série s'appelle *Drôle*. Elle sort au printemps. Je prépare déjà la seconde saison. Mon contrat d'exclusivité avec Netflix se limite à ce projet. Pour ma prochaine série, je suis entièrement libre. Ce contrat n'a rien d'un pacte faustien, comme certains le pensent.
Dans le développement de *Drôle*, j'officie comme showrunner. Ce métier, né aux États-Unis, a été importé en France par des scénaristes comme Anne Landois, qui a supervisé plusieurs saisons d'*Engrenages*, ou des réalisateurs comme Éric Rochant, créateur du *Bureau des légendes*. Être showrunner permet de garder la main sur l'ensemble de son projet, de l'écriture au montage en passant par la coproduction – j'ai créé à cet effet ma propre boîte de prod. C'est la garantie que mon travail ne sera pas dénaturé.
La position de showrunner est une revanche pour les scénaristes français, longtemps vulnérables face aux producteurs et aux réalisateurs. C'est le bon côté des États-Unis, où l'on entend souvent cette formule : « *Writing is gold* » (« l'écriture est de l'or »).

Les plates-formes de streaming ne sont plus les seules à convoiter ces talents multiprimés : Fanny Herrero a été approchée par un cabinet ministériel qui souhaitait parfaire son « story-telling ». « *On réfléchit en séquence nous aussi…* », lui a-t-on fait valoir. La jeune femme leur a opposé un refus poli. Les codes dramaturgiques de la série s'en tiendront pour cette fois à la fiction.

Des ondes aux plates-formes, en passant par l'industrie du sexe...

1886 — Un ingénieur et physicien allemand, Heinrich Hertz, met en évidence les ondes radio.

1924 — Invention au Royaume-Uni de la télévision, après cinquante ans de tâtonnements.

1929 — La BBC commence à émettre par ondes hertziennes.

1936 — Des réseaux câblés sont mis en place localement au Royaume-Uni pour relayer les chaînes hertziennes.

1946 — Premier ordinateur entièrement électronique aux États-Unis. Pesant près de 30 tonnes, il programme, calcule, enregistre et utilise un langage numérique.

1969 — Premier réseau d'ordinateurs à l'université de Californie, à l'origine du développement d'Internet.

1972 — Naissance de la télévision payante par câble aux États-Unis, avec Home Box Office. En instaurant le « pay per view » (payer pour visionner), HBO préfigure l'arrivée de la vidéo à la demande par abonnement (Subscription Video on Demand, SVOD) sur Internet.

1984 — Lancement de Canal+, première chaîne privée à péage en France.

1985 — Création, à Dallas, du premier magasin Blockbuster, devenu dans les années 1990 la plus grande entreprise de location de vidéos aux États-Unis.

1988 — La France est pour la première fois connectée à Internet.

1991 — Microsoft développe un lecteur multimédia. Cette technologie permettra de décompresser et de lire en temps réel des fichiers transmis par Internet.

1997 — Fondation en Californie, par Reed Hastings et Marc Randolph, de la société Netflix, contraction des termes « Internet » et « flix », mot familier pour désigner un film aux États-Unis. L'entreprise propose un service en ligne de location et d'achat de DVD livrés à domicile.

1999 — Lancement par Microsoft d'une plate-forme de streaming – c'est-à-dire de diffusion progressive – sur Internet grâce à une nouvelle génération de lecteur multimédia.

2000 — La part des fichiers vidéo pornographiques dans le trafic mondial du Web est d'environ un tiers. Jouant un rôle pionnier dans les techniques de compression et de stockage, l'industrie du X a largement contribué au développement de la vidéo sur Internet.

2007 — Netflix bascule dans l'ère du streaming en mettant en place un service de vidéo à la demande par abonnement (SVOD) sur Internet. Les programmes sont disponibles en OTT (« over-the-top »), c'est-à-dire via le Web sans que le fournisseur d'accès à Internet ait de contrôle sur les contenus.

2008 — Starz, concurrent des chaînes câblées disposant du catalogue des films et séries de Disney et de Sony, sous-loue ses droits de streaming à Netflix, qui ne dispose pas encore de créations originales. La télévision par câble a involontairement préparé l'essor des SVOD, les services de vidéo à la demande par abonnement...

2013 — Le streaming devient en France la principale source de consommation des biens culturels dématérialisés : musique, films, séries, jeux vidéo, livres électroniques...

2014 — Le streaming vidéo représente près de 90 % du trafic internet mondial.

2017 — Plus de 60 % des services de SVOD en Europe sont des sites pornographiques.

2018 — Un milliard de personnes sur la planète vivent dans un foyer abonné à un service de vidéo à la demande par abonnement.

2021 — L'Assemblée nationale française lance une mission sur le nouveau design des télécommandes de télévision. Celles-ci, à la défaveur des chaînes traditionnelles, valorisent les touches dédiées aux grandes plates-formes de streaming. Sur le dernier modèle du leader mondial, Samsung, le clavier numérique a disparu...

2022 — La plate-forme Netflix compte à elle seule plus de 210 millions d'abonnés dans le monde et réalise un chiffre d'affaires de 25 milliards de dollars.

POUR ALLER PLUS LOIN

Des salles d'*escape game*, ici à Milan, s'inspirent de la série coréenne *Squid Games*, succès planétaire diffusé par Netflix en 2021.

La vogue des « narratologues »

Capture de l'attention, récit feuilletonné, valorisation des personnages, priorité de l'émotion sur l'analyse… les codes narratifs de Netflix ont conquis la planète. Ces instruments d'influence sans contrainte (« soft power ») ouvrent un nouveau chapitre du storytelling, technique de communication aux contours nébuleux qui consiste à agencer des faits en forme de récit. Cette « vogue narrative » serait née aux États-Unis dans les départements marketing des entreprises. Selon Christian Salmon, chercheur au CNRS, le recours au storytelling dans le champ politique se serait généralisé avec l'arrivée au pouvoir de Ronald Reagan. En France, il serait apparu dans le débat public lors de la campagne présidentielle de 2007. Selon le chercheur, Nicolas Sarkozy et Ségolène Royal auraient davantage mis en avant leurs histoires personnelles, en les mythifiant, que leurs idées.

D'après Raphaël Llorca, communicant associé à la Fondation Jean-Jaurès, la campagne présidentielle de 2022 consacre la domination culturelle de Netflix et son influence sur les codes du storytelling. En témoigne l'inspiration des Jeunes avec Macron, qui ont lancé en septembre 2021 des affiches frappées du slogan : *« Vivement qu'on signe cinq saisons de plus »*. Quant à Éric Zemmour, ce serait le candidat – toujours selon Raphaël Llorca – qui aurait le plus recours au storytelling façon Netflix, sa stratégie étant marquée par *« de la vitesse et des rebondissements, de la surprise et des cliffhangers, c'est-à-dire des scènes qui s'achèvent sans que l'on en connaisse le dénouement, maintenant en haleine le spectateur »*. Si les séries de Netflix ont imposé leurs codes narratifs au monde entier, elles ne sont pas toutes réussies…

Conseils de libraire

Librairie Furet du Nord, à Lille (Nord)

Netflix et Cie, Les Coulisses d'une (r)évolution
de Capucine Cousin
Éd. Armand Colin, 2018
Netflix s'est imposé en quelques années dans le paysage audiovisuel mondial, aux côtés du cinéma et de la télévision. Mais qu'est-ce que ce nouvel acteur change à la production, et au mode de consommation des films et séries ?

La Géopolitique des séries, ou le triomphe de la peur
de Dominique Moïsi
Éd. Flammarion, 2017
Comment des séries comme *House of Cards* ou *Game of Thrones* sont devenues des outils d'analyse géopolitique.

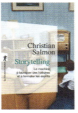

Storytelling, La Machine à fabriquer des histoires et à formater les esprits
de Christian Salmon
Éd. La Découverte, 2008
Depuis les années 1990, la guerre des récits est déclarée. Cet essai décortique la nouvelle logique de la mise en récit, du « storytelling », utilisée en politique comme dans les publicités ou en entreprise.

Le Charme discret des séries
Virginie Martin
Éd. Humensciences, 2021
Netflix, Amazon Prime Video, Canal+, Disney+… La politiste révèle les coulisses des grandes plates-formes qui influencent nos représentations du monde.

Se distraire à en mourir
de Neil Postman
Éd. Fayard, 2011
Le divertissement est devenu primordial dans notre société. Jusqu'au point de menacer notre capacité à réfléchir ? Ce livre référence a été publié en 1985 aux États-Unis par ce théoricien de la communication.

/ À LIRE, À VOIR

2 — COUVERTURE

La chasse aux bonnes histoires

LES PLATES-FORMES DE STREAMING SONT LANCÉES DANS UNE QUÊTE EFFRÉNÉE DE CRÉATIONS ORIGINALES.

Par Alexandre Kauffmann

34 — LES CONTRIBUTEURS

36 — LA VIE DE XXI / COURRIER

38 — AUTOPORTRAIT

40 — OBJECTIF TERRE

48 — Algérie : la guerre des grottes

DES SECTIONS SPÉCIALES DE L'ARMÉE FRANÇAISE GAZAIENT LES REFUGES SOUTERRAINS DES INDÉPENDANTISTES.

Par Claire Billet

66 — PORTFOLIO

La Ve République, la tête à l'envers

UN REGARD DÉCALÉ SUR LES SYMBOLES D'UN PAYS SENS DESSUS DESSOUS.

Récit photo de Guillaume Herbaut

p. 48

p. 120

p. 104

p. 182

p. 66

p. 144

p. 84

84 — Contre-enquête sur les bébés secoués

LES EXPERTISES MÉDICALES NE SOUFFRENT GUÈRE LEUR REMISE EN QUESTION. ET POURTANT…

Par Sophie Tardy-Joubert

104 — LE CARNET

Obsession béton

SEPT ANS SUR LES TRACES DE L'ARCHITECTE JAPONAIS TADAO ANDO.

Photos de Philippe Séclier

120 — L'icône déchue du féminisme

ERIN PIZZEY, PIONNIÈRE DU MOUVEMENT FÉMINISTE, FRAIE AVEC LES THÈSES DES MASCULINISTES.

Par Laurène Daycard

SOMMAIRE XXI N°58

DANS L'INTIMITÉ DU XXI° SIÈCLE

144 — BANDE DESSINÉE

Bottes people

POUR ÉVITER DES DRAMES, DES BÉNÉVOLES ÉQUIPENT DE BOTTES LES MIGRANTS QUI TRAVERSENT LA MONTAGNE.

Par Hélène Baillot, Raphaël Botiveau et Joël Alessandra

168 — RENCONTRE

« Les banques sont des endroits dangereux »

ENTRETIEN AVEC GAËL GIRAUD, PRÊTRE JÉSUITE ET CHERCHEUR EN ÉCONOMIE MATHÉMATIQUE, AUX POSITIONS ÉCOLOGISTES.

Propos recueillis par Ève Charrin

182 — VÉCU

« Mo et moi »

AU LYCÉE, ILS S'AIMAIENT. QU'EST-CE QUI A DÉRAILLÉ ?
Par Patricia Neves

188 — LECTURE

190 — VOIX

« **Derrière les choses ou les personnes que nous croyons connaître** *se cache toujours une part identique d'inconnu.* » Cette citation empruntée à l'écrivain japonais Haruki Murakami résume bien les révélations de ce numéro. C'est ce mystère, cette complexité des humains et du monde que dévoilent nos histoires. En Angleterre, Erin Pizzey serait peut-être restée mariée à un ancien de la Royal Navy, si elle n'avait lu un essai sur les mères au foyer en dépression. Elle a ouvert, en 1971, le premier refuge d'envergure au monde pour femmes battues. Comment cette icône féministe a-t-elle pu ensuite basculer vers le masculinisme ? En France, Alexandre, acteur, mène une vie que l'on pourrait qualifier d'heureuse jusqu'au jour où son petit garçon meurt. Les médecins diagnostiquent un « syndrome du bébé secoué ». Alexandre est accusé sur la base d'expertises qui ont valeur de preuve définitive. Lui-même se surprend à douter : aurais-je tué mon enfant ? Jean a 21 ans quand il est appelé à combattre en Algérie, en 1957. Affecté à une discrète « section de grottes » chargée de déloger les indépendantistes, il « neutralise » les souterrains à coups de gaz toxiques, puis dynamite les entrées. De retour en France, Jean reste mutique. Il refuse de faire des enfants de peur de les voir partir un jour au front. Combien de disparus, de familles algériennes laissées sans sépulture ? Jean a 85 ans et désormais il ose dire : « *On a gazé les Algériens.* » Mais la France refuse toujours d'ouvrir certaines archives. L'inavouable peut rester caché longtemps.

LÉNA MAUGER

COUVERTURE
La chasse aux histoires est ouverte

Alexandre Kauffmann

Né en 1975, j'ai toujours vécu à Paris, à l'exception de deux ans passés en Tanzanie. Ayant appris les langues malgaches et swahili, j'ai longtemps fait des reportages à l'étranger pour des magazines de voyage. Père de famille depuis quelques années, j'ai renoncé à ces déplacements pour enquêter en France sur le monde de la drogue, de la police et de la santé mentale, le plus souvent au moyen de longues immersions.

Séverine Assous

Diplômée de gravure aux Arts décoratifs de Paris, où elle vit, Séverine a travaillé comme directrice artistique dans la publicité avant de se consacrer à son travail d'illustratrice. Elle aime croquer ses semblables avec des corps élastiques et des positions extrêmes. Son travail est ludique et se caractérise par des aplats de couleurs fortes, mêlés à des textures et des motifs géométriques.

Algérie : la guerre des grottes

Claire Billet

J'ai un faible pour les aventures de David contre Goliath. Mon tropisme pour l'Afghanistan date de 2004, lorsque j'ai fait l'école buissonnière pour y réaliser mon premier grand reportage. J'y suis restée six ans, comme correspondante. Auteure réalisatrice de films documentaires, j'ai passé la décennie suivante à documenter les conséquences des conflits armés. Je n'aurais jamais pensé ausculter les plaies de mon propre pays.

Benoît Hamet

J'ai fait mes études d'illustrateur à l'École européenne supérieure de l'image d'Angoulême où j'ai passé mon master, avec un travail de fin d'études sur la mémoire de la Première Guerre mondiale. Je me suis ensuite intéressé à la guerre d'Espagne. Des conflits d'où étaient revenus mes aïeux avec leurs silences, leurs cicatrices, leurs tabous... Une histoire complexe qui m'intrigue, entre fascination et répulsion. Comme c'est ici le cas avec la guerre d'Algérie.

PORTFOLIO
La Ve République, la tête à l'envers

Bruno Lus

Journaliste à *XXI* et *6Mois*, je fais des reportages en France. Les photos de Guillaume Herbaut sur cette Ve République qui marche sur la tête m'ont retourné. Quand je n'écris pas les histoires des photographes, je m'occupe des miennes. J'ai publié en 2021 mon premier roman, *Et même l'enfer c'est pas grand-chose*, aux éditions Grasset.

Guillaume Herbaut

Photojournaliste, membre de l'Agence Vu, je m'intéresse depuis toujours aux lieux chargés d'histoire. J'ai travaillé longtemps sur Tchernobyl et, depuis 2014, je couvre la guerre en Ukraine. En 2020, la pandémie de Covid me bloque en France. Je décide alors de photographier de nouveau mon pays à travers la représentation de la Ve République.

Contre-enquête sur les bébés secoués

Sophie Tardy-Joubert

Journaliste, j'aime autant me balader au bout du monde qu'enquêter entre quatre murs. Devant les innombrables études consacrées au bébé secoué, j'ai eu un moment de découragement. Je ne regrette pas d'avoir persévéré. Après un an d'enquête et des dizaines d'interviews, je suis intimement convaincue de l'innocence d'Alexandre.

Juliette Barbanègre

Née à Toulouse en 1988 et diplômée en 2011 de l'École Émile-Cohl de Lyon, je travaille actuellement pour l'édition jeunesse et pour la presse. À travers des thèmes oniriques et fantasmagoriques, j'aime retranscrire des atmosphères à la fois poétiques et inquiétantes. Aujourd'hui, je vis et travaille à Nantes.

CARNET
Obsession béton

Michel Henry

Qu'est-ce qui pousse un *Homo sapiens* (a priori sain d'esprit) à arpenter la planète sur les traces d'un architecte roi du béton ? C'est ce que j'ai voulu savoir en rencontrant Philippe Séclier, photographe adepte du noir et blanc. À part ça, je suis rédacteur en chef adjoint à *XXI*.

Philippe Séclier

Si j'ai consacré ma carrière au journalisme, dans la presse écrite (*Échappement, Le Sport, Auto Hebdo, Sport Auto, Le Parisien*), la photographie, sous toutes ses formes, m'intéresse depuis très longtemps. Avec cette envie d'aller sur les traces de grands artistes, de Pasolini à Tadao Ando en passant par Raymond Depardon, avec qui je collabore régulièrement.

CONTRIBUTEURS

Laurène Daycard

Je suis journaliste indépendante, membre du collectif Les Journalopes. Je travaille depuis plusieurs années sur les violences de genre, notamment les féminicides « intimes », en France comme à l'étranger. En ce moment, j'écris un livre sur ces thèmes, à paraître au Seuil d'ici quelques mois.

L'icône féministe qui pensait trop mâle

Marie Mohanna

Née à Paris, Marie aime mélanger les inspirations, celles de la science-fiction, qu'elle affectionne, avec une imagerie pop des années 1990. Un dessin précis, mêlé à des aplats de couleurs vives. Auteure de romans graphiques, elle travaille en ce moment à son troisième ouvrage, à paraître aux éditions Sarbacane, en 2023.

Hélène Baillot

Après plusieurs années de recherche et d'enseignement en sociologie politique, j'ai commencé à faire des films. Mes deux premiers courts-métrages, réalisés avec Raphaël Botiveau, *London Calling* (2017) et *400 Paires de bottes* (2020), parlent de l'exil et des frontières. La BD *Bottes people* est tirée de notre dernière enquête de terrain dans le Briançonnais.

BANDE DESSINÉE
Bottes people

Joël Alessandra

Auteur et illustrateur de bandes dessinées et de carnets de voyage, je m'appuie depuis plus de trente ans sur mes balades autour du monde, et plus particulièrement en Afrique, pour créer des histoires qui essaient de rendre compte de la planète. Le café est mon outil de travail, deux litres par jour sont nécessaires à l'homme et au pinceau.

Raphaël Botiveau

Docteur en science politique et réalisateur, j'ai passé une bonne partie de mon enfance et de mes années de jeune adulte dans d'autres pays que le mien. Installé depuis peu dans les Cévennes, une région qui m'inspire, j'y poursuis mes travaux à la croisée des sciences sociales et du cinéma.

Ève Charrin

Journaliste passionnée par la littérature et les idées, j'ai écrit pour *Books, Marianne, XXI, Zadig…* Échappée de la presse éco, j'aime donner la parole à ceux qui, comme Gaël Giraud, ouvrent des voies alternatives au capitalisme néolibéral. J'ai publié plusieurs livres. Le dernier, *La Course ou la ville* (éd. du Seuil, 2014) était une enquête sur les chauffeurs-livreurs.

RENCONTRE AVEC
Gaël Giraud

Jules Julien

Jules est un illustrateur et artiste français vivant à Amsterdam. Ses dessins oscillent entre une précision photographique et une douceur hypersensible. Son imaginaire décloisonné l'amène à travailler pour des clients tels que Apple, Cartier, Nike ou le *New Yorker*… et à exposer au Japon, aux États-Unis et en Europe. Un explorateur.

Patricia Neves

Journaliste indépendante, je couvre les États-Unis pour *Mediapart*. Enfermée à Paris au début de la pandémie, dans l'appartement de mon enfance, j'ai retrouvé dans mes affaires un vieux journal intime et d'anciennes archives du tribunal correctionnel. Je me suis alors replongée dans mon passé.

VÉCU
« Mo et moi »

Laura Kientzler

Née en 1989 un soir d'été indien, j'ai grandi au milieu des forêts vosgiennes. Plus tard, j'ai tracé mon chemin de l'autre côté des collines, jusqu'à l'école des Arts décoratifs de Strasbourg. Depuis, je travaille en tant qu'autrice illustratrice dans un atelier-cabane. J'écris et je peins des albums jeunesse, j'illustre des articles pour la presse, et je rencontre parfois des enfants autour d'ateliers d'arts plastiques.

> Superbe reportage de Marion Touboul dans le n° 56 de *XXI*. Le mythe de l'énergie propre mis en avant par des entreprises internationales au détriment des environnements préservés, avec tous les abus liés aux chimères de l'argent.
>
> @LAPOMMEQUICROK

Un grand merci pour votre travail de grande qualité. Je vous lis toujours avec grand plaisir et intérêt. Ceci étant dit, je me permets de vous faire parvenir une brève suggestion d'amélioration rédactionnelle. L'universalisme rêvé par mes cousins hexagonaux n'est qu'une chimère et jamais n'apprendrons-nous, indécrottables francophones des périphéries que nous sommes, Maliens, Suisses ou Canadiens, ce qu'est une hypokhâgne (p. 178 de l'édition automne 2021, n° 56). Nous maîtrisons déjà à grand-peine le décompte des années scolaires à reculons et la notion de prépa ! Dans la même veine, le crédit impôt recherche qui passe *« de 1,5 milliard à 6 milliards annuels »* (p. 193) sonne à mes oreilles comme une excellente nouvelle, ce qu'elle ne semble pas être dans la cosmologie fiscale en vigueur sous Sarkozy. En un mot, j'invite la revue *XXI* à confirmer la remarquable ouverture sur le monde qui fait son identité en se montrant pédagogue à l'égard des francophones n'habitant pas – permettez-moi l'ironie de cette ultime boutade – la Métropole. Salutations suisses depuis Bamako.

JONATHAN THÉVOZ

Je viens de tomber sur l'entretien avec Cécile Morin, porte-parole du Collectif lutte et handicaps pour l'égalité et l'émancipation, dans le numéro 55. À propos des Ésat, les établissements d'aide par le travail, sous le titre « Des employés sans salaire minimum ni droit du travail », voici ce qu'elle déclare : « L'Ésat fait payer aux travailleurs le droit d'être en Ésat. Conséquence, ils sont maintenus dans la pauvreté, avec des emplois pénibles et répétitifs : tri, reprographie, montage… Ce statut censé les "protéger" organise une exploitation et une forme de ségrégation juridique, sociale et spatiale : un placement en établissement à l'écart de la société, avec le paternalisme et le contrôle social que cela induit. » Je suis étonnée de lire ces lignes dans votre revue d'habitude très neutre et nuancée. J'ai travaillé en Ésat plusieurs années, donc côtoyé de très près des personnes reconnues travailleurs handicapés. Pour 99 % d'entre elles, le travail en Ésat est vécu comme une chance : gagner sa vie, avoir un statut social, être reconnu et encouragé à progresser. Pour certains, bien sûr, ce cadre ne convient pas, mais ils sont libres de partir tout en restant accompagnés le temps de trouver un cadre qui leur convient mieux. […] Évidemment le modèle n'est pas parfait, la question du salaire est un point vraiment crucial. Mais encore une fois, des personnes qui emploient des termes bien forts pour dénoncer ces situations induisent la même déshumanisation que celle qu'elles dénoncent. […] Encore merci et bravo pour votre travail.

LUCIE LANDGRAFF

Chère Lucie,
Merci de votre courrier qui nous pousse à réfléchir. D'abord une remarque : la revue *XXI* est certes nuancée, mais jamais neutre ! Nos auteurs et autrices disent toujours d'où ils et elles parlent. L'interview à laquelle vous faites allusion accompagnait le texte sensible et vivant de la documentariste Élise Rouard (« Le handicap, ça ne s'attrape pas, la connerie, si »). Il raconte la rencontre entre des travailleurs d'Ésat et des élèves d'un lycée voisin qui a permis à ces lycéens de changer de regard. Nous avons pensé qu'il fallait accompagner ce texte d'un contrepoint, pour rendre compte des débats qui agitent le monde du handicap.

LA RÉDACTION

LA VIE DE XXI / COURRIER DES LECTEURS

157, boulevard Macdonald
75019 Paris
01 87 58 00 30 – contact@4revues.fr
www.revue21.fr

Directeur de la publication
Franck Bourgeron

Directeur de la rédaction
David Servenay

Rédaction en chef
Léna Mauger

Rédaction en chef adjointe
Michel Henry, Haydée Sabéran

Direction artistique
Quintin Leeds

Direction de la photo
Martina Bacigalupo

Rédaction
Bruno Lus

Mise en pages
Vincent Lever

Édition
Jacky Gourlaouen

Correction
Sarah Ahnou

Cartographie
Alexandre Nicolas

Photogravure
Les Artisans du regard

Marketing
Anaïs Benguigui

Communication numérique
Anne Vacca, avec Sonia Reveyaz

Secrétaire général
Jean-Philippe Salmon

Responsable administrative
Murielle Canta

Coordination commerciale
Marie Le Flahec

TURQUIE, AU PAYS DES ILLUSIONS PERDUES

Mathias Depardon voyage dans l'ancien Empire ottoman, sur les traces de l'imaginaire turc. **Emanuele Satolli** raconte l'autoritarisme du président Erdogan, la montée de l'islamo-nationalisme et la répression qui s'abattent sur le pays. Au plus près des civils, **Emin Özmen** documente la guerre cachée contre les Kurdes.

Et aussi : Jonas Bendiksen, de Magnum, a dupé tout le monde avec son faux reportage au cœur de la fabrique des *fake news*, dans les Balkans ; Sabine Weiss, décédée en décembre 2021, donne son dernier grand entretien ; et Isadora Kosofsky suit deux frères aux États-Unis, de l'enfance à l'âge adulte, entre drogue et prison. **Sortie de ce numéro le 24 mars.**

XXI service des abonnements :
157, boulevard Macdonald 75019 Paris
01 76 44 02 42 – abo@revue21.fr
Formulaire téléchargeable sur www.revue21.fr
Édité par Quatre SAS, siège social :
157, boulevard Macdonald 75019 Paris
Président : Franck Bourgeron.
Directeur général : Sylvain Ricard.
Actionnaires : F&S, Sylvain Ricard, Franck Bourgeron, les éditions du Seuil, Pierre-Yves Frelaux, Amélie Mougey, Pierre Raiman
Fabrication : CPE Conseil.
Impression et façonnage : STIGE s.p.a.
Via Pescarito, 110, 10099 San Mauro (TO), Italie

 Papier 100 % PEFC, provenance Allemagne, taux de fibres recyclées 0 %, impact sur l'eau Ptot 0.019 kg/tonne

Commission paritaire : 0720 D 89299
ISSN 1960-8853 – ISBN 978-23-56381-69-9
Dépôt légal : mars 2022

Ce numéro comporte un bon d'abonnement à *XXI*, un bon d'abonnement à *6Mois* et un marque-page

/ PROCHAIN NUMÉRO DE *XXI* EN LIBRAIRIE LE 24 JUIN

« La plupart de mes potes de collège ont très mal tourné : drogue, HP, prison. On parle beaucoup du mal-être bien réel des banlieues, mais dans les petites villes, il se passe des trucs qu'on ne soupçonne pas. »

FÉVRIER 2009 INTERVIEW AU *JDD*. IL A GRANDI À CAEN (NORMANDIE).

« Ferme ta gueule ou tu vas t'faire marie-trintigner »

MARS 2007 CHANSON « SAINT-VALENTIN ». CINQ COLLECTIFS FÉMINISTES LE POURSUIVENT POUR DES PAROLES VIOLENTES DANS HUIT CHANSONS INTERPRÉTÉES EN CONCERT À PARIS EN MAI 2009. CONDAMNÉ EN PREMIÈRE INSTANCE EN 2013 À 1000 EUROS D'AMENDE AVEC SURSIS POUR INJURE ET PROVOCATION À LA VIOLENCE ENVERS LES FEMMES, IL EST RELAXÉ EN APPEL EN 2016.

« Je suis pas un bad boy. Je crois que ça se voit direct. »

MARS 2009 INTERVIEW À L'AFP.

« Si t'as l'impression qu'personne te comprend, c'est parce que personne te comprend. »

OCTOBRE 2017 PAROLES DE « NOTES POUR TROP TARD », ALBUM *LA FÊTE EST FINIE*.

« Je donnais des coups de couteau dans des bouteilles en plastique dans une usine de recyclage, j'ai été guide pour le mémorial de Caen, j'ai fait du télémarketing. J'envoyais des CV, mais je n'étais pas très dégourdi, je ne savais pas me vendre. J'ai passé des entretiens pour vendre des cheminées ou des réservoirs d'eau. J'étais terrorisé. J'avais l'impression d'être un mec bizarre. »

JUILLET 2018 INTERVIEW AU *PARISIEN*.

ORELSAN
NÉ AURÉLIEN COTENTIN, RAPPEUR FRANÇAIS

1982 naissance à Alençon (Normandie)
2009 premier album, *Perdu d'avance*, et accusations de provocation à la violence contre les femmes
2015 premier film, *Comment c'est loin*
2017 troisième album solo, *La Fête est finie*, certifié disque de diamant
2018 artiste masculin de l'année et meilleur album de musique urbaine aux Victoires de la musique
2021 quatrième album solo, *Civilisation*, disque d'or avant même sa sortie

« J'ai de la chance d'être entouré, sinon ce serait n'importe quoi, je finirais en Bénabar. »

MARS 2009 INTERVIEW AU SITE ABCDR DU SON. DEPUIS SES DÉBUTS, IL EST SUIVI PAR SA BANDE D'AMIS DE CAEN : SKREAD, BEATMAKER, ABLAYE, PRODUCTEUR, ET GRINGE, RAPPEUR AVEC QUI IL FORME LE DUO CASSEURS FLOWTERS.

« Je trouve que, maintenant, le monde n'a pas besoin de plus de cynisme. »

NOVEMBRE 2021 INTERVIEW AU *MONDE*.

« Comme mes parents étaient profs, j'avais une énorme pression concernant mes études. Il était hors de question que je redouble. »

JANVIER 2014 INTERVIEW À *L'ÉTUDIANT*. SON PÈRE ÉTAIT DIRECTEUR DE COLLÈGE, SA MÈRE, INSTITUTRICE. IL EST DIPLÔMÉ DE L'ÉCOLE DE MANAGEMENT DE NORMANDIE EN 2004.

« C'est pas très dur de faire des chansons qui font polémique. Surtout maintenant. Est-ce que le nouveau punk n'est pas d'avoir un avis non tranché ? »

NOVEMBRE 2021 INTERVIEW À NRJ.

Illustration Christopher Evans

OBJECTIF TERRE

COMMENT ON FABRIQUE DES « NON-PROBLÈMES », L'HYDROGÈNE PAS SI VERT QUE ÇA, LA LUTTE CONTRE LES NITRATES À VAU-L'EAU ET L'AGROBUSINESS TOUJOURS PLEINS GAZ… ÇA VA, LA PLANÈTE ?

Par Bruno Lus et Michel Henry — Dessins Colcanopa

ENTRETIEN

Circulez, y a rien à voir

COMMENT EXPLIQUER L'INACTION PUBLIQUE FACE À DES PROBLÈMES AUSSI DOCUMENTÉS QUE LE RÉCHAUFFEMENT CLIMATIQUE ? PAR LE MÉCANISME DE « LA FABRIQUE DES NON-PROBLÈMES », DU NOM DE L'ESSAI* ÉCRIT PAR EMMANUEL HENRY.

Qu'appelez-vous les « non-problèmes » ?

Ce sont les problèmes réels, documentés, mais évacués du débat public. Prenons l'exemple du « Dieselgate ». Le scandale éclate en 2014 : l'ONG International Council on Clean Transportation teste des voitures diesel, notamment de la marque Volkswagen, et conclut qu'elles polluent quinze à trente-cinq fois plus que les normes. Le public découvre que des constructeurs ont triché en plaçant dans leurs véhicules un logiciel permettant de limiter leurs émissions de gaz lors de l'homologation. La marque est condamnée à des milliards d'euros d'amende dans plusieurs pays. Si on regarde de plus près, on se rend compte que ces dispositifs *de triche* étaient permis par une interprétation du droit européen, car ils étaient censés protéger les moteurs. C'était un non-problème, jusqu'à ce qu'il devienne visible aux yeux de tous. Quand le grand public est mis au courant, ça ne passe plus.

Comment expliquer cette invisibilité ?

Il y a une difficulté à mobiliser : combien de temps les travailleurs victimes de cancers causés par l'amiante ont-ils attendu ? Il est difficile de faire exister ces problèmes car les personnes touchées ont moins de ressources, donc moins accès aux médias, et il est souvent impossible de produire des données scientifiques. Résultat, la santé publique est perdante.

Dans votre ouvrage, vous expliquez que les industriels brouillent les connaissances scientifiques…

Oui. Ils n'ont pas intérêt à ce qu'on mette en évidence les liens entre leurs produits et une pathologie. Les entreprises créent de la controverse : dans les années 1980, les compagnies pétrolières et gazières ont mené des campagnes de lobbying pour nier le rôle des gaz à effet de serre dans le réchauffement climatique. Les industriels profitent aussi du flou scientifique. Quand un risque menace une population importante, avec des polluants divers, il est difficile d'établir une causalité : si vous habitez sur le boulevard périphérique parisien, vous serez très exposé aux gaz d'échappement, mais comment affirmer que la maladie respiratoire que vous avez développée est liée ? Les industriels encouragent donc les recherches qui alimentent le doute : les cigarettiers ont financé de nombreuses études pour donner une image inoffensive du tabac.

La science est-elle au service des pollueurs ?

Il existe des cas de corruption active, mais plus généralement une inégalité de ressources entre, d'un côté, des industries qui peuvent financer des recherches et, de l'autre, des mouvements sociaux, associations, syndicats, qui n'en ont pas les moyens et parlent de ce qu'ils vivent. C'est ce qu'on appelle de la *« science non faite »* : l'ignorance du désastre et de ses dégâts. Tout cela conduit à l'inaction publique.

Quelle forme prend-elle ?

Cette inaction est de plus en plus diffuse. Pour réguler les pesticides, par exemple, l'Europe ou l'État établissent des seuils d'exposition maximum. Ça veut dire qu'on protège contre une épidémie importante de maladies causées par ces produits chimiques… mais aussi qu'on autorise une épidémie à bas bruit, en légitimant un niveau d'exposition réglementaire de la population ! Ce qui va générer des inégalités sociales, puisque les groupes sociaux les plus exposés seront toujours les moins privilégiés – comme les gens du voyage, à qui on attribue des lieux d'installation pollués dont personne ne voudrait.

Comment faire pour que ces « non-problèmes » soient traités ?

Grâce à la mobilisation, à l'action collective et au débat public. Le problème, c'est que ça achoppe au moment de la décision, de l'action publique. Comme pour la Convention citoyenne pour le climat : sur les 149 propositions pour le climat, seules 10 % ont été intégralement reprises. Les pouvoirs politiques devraient trouver des arbitrages qui ne soient pas toujours aux dépens des plus faibles.

* La Fabrique des non-problèmes, Ou comment éviter que la politique s'en mêle, d'Emmanuel Henry, professeur de sociologie à l'université Paris-Dauphine, éd. Presses de Science Po, 2021.

TROIS MOIS CHEZ LES HUMAINS

La déforestation en Amazonie brésilienne progresse, pour la troisième année consécutive – soit depuis l'arrivée au pouvoir du président d'extrême droite Jair Bolsonaro. Entre août 2020 et juillet 2021, elle a augmenté de 22 %, équivalant à un déboisement de 13 235 km². La moyenne annuelle sur les trois dernières années de la déforestation dans la plus grande forêt tropicale du monde est de 10 000 km², contre 6 500 km² la décennie précédente, rappelle l'Institut national de recherches spatiales du Brésil (INPE).

18 NOVEMBRE

Les homards, les poulpes et les crabes sont des êtres sensibles. C'est ce que reconnaît le législateur britannique, dans le cadre d'un projet de loi sur le bien-être animal. Ce qui *« n'aura aucune incidence sur la législation en vigueur ou sur les pratiques industrielles »*, précise le site du gouvernement. Plus de 300 études scientifiques apportent des preuves que les décapodes et céphalopodes peuvent ressentir douleur et détresse.

19 NOVEMBRE

En mangeant, les hommes émettent 41 % de gaz à effet de serre de plus que les femmes, selon une étude britannique de la revue *Plos One*. C'est qu'ils ingèrent une plus grande quantité de viande, nourriture souvent associée à la virilité. Sa production est responsable de 14,5 % des émissions de CO_2 dans le monde. Les régimes végétariens sont 59 % moins polluants.

24 NOVEMBRE

CONTRECHAMP

L'hydrogène, énergie du futur ?

ON LE PRÉSENTE COMME UN COMBUSTIBLE PROPRE ET EFFICACE PERMETTANT D'ACCÉDER À UNE ÉCONOMIE NEUTRE EN CARBONE. ENCORE FAUT-IL ARRIVER À LE PRODUIRE…

L'hydrogène est le plus petit et le plus abondant élément chimique de l'univers. On le rencontre partout, associé par exemple à de l'oxygène (dans l'eau) ou du carbone (dans le carburant). Sera-t-il l'énergie de demain ? Pour faire avancer une voiture, l'hydrogène est stocké sous forme gazeuse, sous pression dans des réservoirs. Combiné à l'oxygène dans l'air, il alimente une pile à combustible. Grâce à une réaction électrochimique, cette pile génère le courant nécessaire pour faire avancer – silencieusement – le véhicule. Seul rejet : de l'eau. Une énergie inépuisable, sans émission de gaz à effet de serre, donc propre. La France la voit comme une solution d'avenir. Le gouvernement a annoncé, en novembre 2021, 1,9 milliard d'euros d'investissement dans la filière. Dans un rapport de juillet 2021, le Conseil de l'hydrogène prévoit un montant de 500 milliards de dollars dans le monde d'ici 2030.

Une énergie polluante…

Problème : l'hydrogène est propre quand on l'utilise, mais pas quand on le produit. Actuellement, il est en majorité obtenu grâce au vaporeformage, méthode la moins chère. De la vapeur d'eau permet au méthane, un hydrocarbure, constituant principal du gaz naturel, de libérer de l'hydrogène… et du gaz carbonique. Autre procédé, la gazéification : on brûle du charbon de bois pour qu'il libère du gaz : de l'hydrogène et du monoxyde de carbone, transformé en CO_2 dans l'atmosphère.

Ainsi, 95 % de l'hydrogène du monde est produit à partir de ressources fossiles : c'est ce qu'on appelle l'hydrogène « gris ». Sa production annuelle pollue autant que le Royaume-Uni et l'Indonésie additionnés, rappelle l'Agence internationale de l'énergie.

… ou très chère

Seul moyen de le produire proprement, l'électrolyse. L'eau est constituée de deux molécules d'hydrogène (le H de l'H_2O) et d'une molécule d'oxygène, que l'on va séparer au moyen d'un courant électrique : d'un côté l'oxygène, de l'autre l'hydrogène. Si l'électricité utilisée est issue d'énergies renouvelables (éolienne, solaire…), l'hydrogène produit est dit « vert ». Plus propre, mais plus cher : 5 euros le kilo à la production, contre 1,5 euro pour l'hydrogène gris, selon la Commission européenne.

Mais l'espoir demeure. Le Conseil de l'hydrogène table, dans un rapport publié en 2020, sur la diminution de moitié du coût de production d'ici 2030 pour cet hydrogène, grâce à son industrialisation. Selon une étude de 2021 de la société d'analyses BloombergNEF, le prix de l'hydrogène vert chuterait de 85 % d'ici 2050, grâce à la compétitivité croissante de l'électricité photovoltaïque.

De quoi en faire *« une pièce de plus en plus importante du puzzle pour la neutralité carbone en 2050 »*, selon l'Agence internationale de l'énergie.

Les plus gros pollueurs de l'histoire

En 2020, les trois pays les plus émetteurs de gaz à effet de serre, selon l'Atlas mondial du carbone, étaient la Chine (10 668 millions de tonnes de CO_2), les États-Unis (4 713 millions de tonnes) et l'Inde (2 442 millions de tonnes). Ce rapport du site web britannique d'information sur le climat Carbon Brief nous rappelle que le réchauffement climatique ne date pas d'aujourd'hui. Le site classe les pays en fonction de la pollution qu'ils ont générée depuis le début de la révolution industrielle. Entre 1850 et 2021, les États-Unis arrivent en tête des plus gros pollueurs avec 509,1 milliards de tonnes de CO_2 rejetées, en termes d'énergie fossile dans l'atmosphère et d'émissions de gaz à effet de serre liées à l'utilisation ou au changement d'affectation des terres (comme la déforestation ou l'artificialisation des sols). Soit 20 % du total mondial. Ils sont suivis par la Chine (284,4 milliards), la Russie (172,5 milliards) et le Brésil (112,9 milliards, dont 86 % à cause de la déforestation intensive).

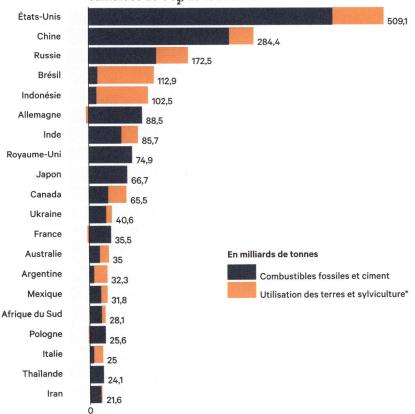

Les 20 principaux contributeurs aux émissions cumulées de CO_2, de 1850 à 2021

Pays	Milliards de tonnes
États-Unis	509,1
Chine	284,4
Russie	172,5
Brésil	112,9
Indonésie	102,5
Allemagne	88,5
Inde	85,7
Royaume-Uni	74,9
Japon	66,7
Canada	65,5
Ukraine	40,6
France	35,5
Australie	35
Argentine	32,3
Mexique	31,8
Afrique du Sud	28,1
Pologne	25,6
Italie	25
Thaïlande	24,1
Iran	21,6

En milliards de tonnes
- Combustibles fossiles et ciment
- Utilisation des terres et sylviculture*

Source : Carbon Brief, « Quels pays sont historiquement responsables du changement climatique ? », 5 octobre 2021.

* Certains pays ont une valeur négative car des zones reboisées sont devenues des puits de CO_2.

Une ferme française sur cinq a disparu en dix ans. Il n'existe plus que 389 000 exploitations en 2020, soit 100 000 de moins qu'en 2010, selon le recensement agricole décennal du ministère de l'Agriculture. Le modèle de l'exploitation familiale évolue vers des fermes plus grandes, avec 25 % de superficie en plus. La surface de bio a doublé depuis 2017.

10 DÉCEMBRE

Le passage de tornades destructrices dans plusieurs États du Midwest provoque au moins 88 morts aux États-Unis.

14 DÉCEMBRE

Le typhon Rai cause au moins 388 décès, des dizaines de disparus et des centaines de blessés aux Philippines. Les vents ont atteint 195 km/h, détruisant 430 villes et villages et plus de 480 000 maisons.

17 DÉCEMBRE

Nos assiettes sont polluées. Selon une étude de la revue *Environmental Science & Technology*, les personnes qui souffrent d'une maladie inflammatoire de l'intestin ont 50 % de plus de microplastiques (particules de plastique de moins de 5 mm) dans les selles. Les malades auraient plus tendance à manger des plats à emporter et à boire de l'eau en bouteille. Le 9 décembre, une étude sur 152 produits de grande consommation (margarine, chocolat, bouillon…), menée par l'association Foodwatch, signalait qu'« *un produit alimentaire sur huit testés est contaminé par des hydrocarbures aromatiques d'huiles minérales dangereux pour la santé mais invisibles à l'œil nu* ».

22 DÉCEMBRE

FLASH-BACK

Nitrates, la lutte prend l'eau

1991
L'EUROPE ADOPTE UNE DIRECTIVE NITRATES, POUR COMBATTRE LA POLLUTION DES EAUX PROVOQUÉE PAR LES ENGRAIS AGRICOLES.

2022
LE 7ᴱ PLAN DE LUTTE FRANÇAIS S'ANNONCE AUSSI INEFFICACE QUE LES SIX PRÉCÉDENTS.

Le programme s'appelle PAN (programme d'action nitrates), mais il n'y a pas de quoi effrayer ceux qui polluent les eaux – les nitrates qu'on y retrouve proviennent pour 88 % de l'agriculture et de son usage d'intrants azotés (organiques ou de synthèse) pour fertiliser les sols. Le 7ᵉ PAN, qui doit entrer en vigueur en septembre, n'a rien d'une arme de guerre. C'est un épouvantail, tout au plus, selon l'avis qu'en a donné l'Agence environnementale (AE), en novembre.

Dangereux pour les eaux, nuisibles pour la santé, les nitrates modifient les écosystèmes et sont responsables des algues vertes qui envahissent le littoral, avec des conséquences mortelles. Elles ont provoqué *« les décès accidentels d'un coureur à pied à Saint-Michel-en-Grève en 1989 et à Hillion en 2016, de chiens sur une plage d'Hillion en 2008, d'un salarié chargé du transport d'algues vertes à Binic en 2009 et d'un cheval à Saint-Michel-en-Grève la même année, suivie de l'hospitalisation de son cavalier »*, rappelle la Cour des comptes dans un rapport de juillet 2021.

Pour réduire cette eutrophisation des eaux superficielles, il faudrait baisser la concentration en nitrates à 10 mg par litre, ce que certains États européens ont fait. En France, elle reste fixée à 50 mg/l.

Face au scandale sanitaire, la riposte est trop limitée. Le nouveau PAN s'inscrit *« dans la continuité »* du précédent, dont l'efficacité *« n'a pas été démontrée »*, relève l'AE. Les six précédents plans ont certes permis une baisse des pollutions, mais insuffisante et loin des objectifs. La méfiance règne. L'évaluation environnementale *« ne démontre pas en quoi les nouvelles mesures amélioreront la situation, voire en quoi elles ne la dégraderont pas »*. La raison ? L'AE ne le dit pas ouvertement, mais elle est connue : il manque le courage politique pour modifier en profondeur les pratiques des agriculteurs et de l'élevage intensif.

Un « faible niveau d'ambition »

Les adaptations prévues *« visent moins à accroître son efficacité […] qu'à en limiter les contraintes pour les agriculteurs au motif d'en favoriser l'appropriation »*, regrette l'Agence. Les pistes de progrès sont *« en partie abandonnées »* et les évolutions ne sont *« pas à la hauteur des constats et des critiques »*. Même si elle rend un avis favorable, l'AE déplore un *« faible niveau d'ambition »* et regrette que jamais *« ne soient expliquées les raisons de l'abandon des solutions les plus performantes »*, comme l'allongement de la période d'interdiction des épandages. Aucune obligation de résultat ni aucun protocole de suivi ne sont prévus.

Une absence de « stratégie de long terme »

Les agriculteurs (du moins ceux qui sont sensibles au problème) demandent des aides : *« Si on veut des résultats*, a expliqué en juillet Edwige Kerboriou, vice-présidente de la chambre régionale d'agriculture de Bretagne, *il faut mettre les moyens »*, *« accompagner la prise de risque »* avec *« des aides directes »*. De son côté, l'Agence réclame une *« stratégie de long terme »*, depuis trente ans absente. On sait pourquoi : cela nécessiterait des mesures contraignantes obligeant à rompre avec le modèle productiviste des élevages porcins, de volailles ou de vaches laitières de l'Ouest. À défaut, la timidité des pouvoirs publics est sanctionnée par la justice.

En juin 2021, le tribunal administratif de Rennes a ordonné au préfet de la Région Bretagne d'améliorer son plan d'action régional de 2018 contre les nitrates, trop peu ambitieux. Le représentant de l'État doit prendre *« toute mesure de maîtrise de la fertilisation azotée et de gestion adaptée des terres agricoles »*. Dans le viseur, les algues vertes. La Bretagne a connu une *« prolifération très importante »* en 2021, qui pourrait être une année record, selon le Centre d'étude et de valorisation des algues.

Certes, les premières actions, dans les années 1990, ont eu un impact positif. Mais les deux plans de lutte contre les algues vertes (Plav) qui se sont succédé depuis 2010 sur huit territoires en Bretagne offrent un bilan décevant : une légère baisse des tonnages échoués et des surfaces concernées, mais rien de réglé, puisque des pics d'augmentation ont eu lieu en 2017, 2019 et donc 2021. Ces échecs sont dus à des objectifs *« mal définis »*, avec une ambition qui s'est *« réduite entre 2010 et 2017 »*, déplore la Cour des comptes.

Des objectifs validés par l'État, mais abandonnés

L'idée de départ était de réduire de 50 % la biomasse d'algues vertes à l'horizon 2027. Ces objectifs, bien que validés par l'État, ont été abandonnés dans quatre des huit baies concernées. *« Après une mobilisation forte des agriculteurs lors du premier Plav, la dynamique s'est essoufflée avec le Plav 2 »*, regrette la Cour. Qui ne veut plus y croire : *« Les objectifs du Plav 2, pourtant moins ambitieux, paraissent hors d'atteinte dans de nombreux cas. »*

Preuve du manque d'implication des autorités, le financement public représente des montants *« dérisoires »* : 42,7 à 53,3 euros par hectare et par an, jusqu'à neuf fois moins que les aides européennes de la PAC (272 à 384 euros/ha/an). Plus grave, ni la Région Bretagne ni l'Agence de l'eau Loire-Bretagne *« n'ont conditionné leurs soutiens aux filières agroalimentaires à des contreparties en termes de prévention des fuites d'azote »*. Quant au contrôle des exploitations dans les bassins-versants algues vertes, ils sont en chute libre : - 73 % depuis 2010, notamment en raison d'une baisse des effectifs de contrôleurs (- 24 %).

L'Union européenne impose-t-elle aux compagnies aériennes d'assurer au moins 50 % de leurs créneaux de décollage et d'atterrissage pour les conserver ? C'est ce que soutient Carsten Spohr, le PDG de Lufthansa, dans le quotidien allemand *Frankfurter Allgemeine Zeitung*. Résultat, il se dit obligé de réaliser 18 000 vols à vide pendant l'hiver. L'Airport Council International Europe, organisme commercial aéroportuaire, réfute : *« Il n'y a absolument aucune raison pour que cela soit la réalité »*, des mesures spécifiques liées au Covid protégeant ces créneaux. Lufthansa est la seule compagnie aérienne à menacer de vols fantômes.

> 23 DÉCEMBRE

Des inondations dans l'État de Bahia, au Brésil, font 20 morts. 63 000 personnes sont déplacées.

> 27 DÉCEMBRE

600 000 à 650 000 volailles ont été abattues en France depuis la détection du premier cas de grippe aviaire, le 26 novembre dans le Nord, selon le ministère de l'Agriculture, qui recense 26 foyers. Des abattages souvent préventifs.

> 31 DÉCEMBRE

Loi antigaspillage : les marchandises – électronique, textile, meuble, produits d'hygiène... – invendues en France après soldes et déstockages, à hauteur de 2 milliards d'euros, ne pourront plus être incinérées, sous peine d'amendes allant jusqu'à 15 000 euros. Elles devront être recyclées ou données à des associations caritatives.

> 1ᴱᴿ JANVIER

AU RAPPORT
Agrobusiness, à fond les gaz

SELON UNE ONG AMÉRICAINE, LES GÉANTS EUROPÉENS DE LA VIANDE ET DES PRODUITS LAITIERS NE FONT PAS GRAND-CHOSE POUR RÉDUIRE LEURS ÉMISSIONS DE GAZ À EFFET DE SERRE.

+131 % Les vingt géants européens de la viande et des produits laitiers émettent plus de gaz à effet de serre (GES) que les Pays-Bas : +131 %. Et la moitié des émissions de la France, du Royaume-Uni ou de l'Italie, selon l'Institute for Agriculture and Trade Policy (IATP), une ONG américaine spécialisée dans le commerce agricole et les pratiques respectueuses de l'environnement. Leurs nuisances les rapprochent des géants du pétrole, estime l'IATP dans un rapport publié en décembre : ensemble, ils émettent les deux tiers de Total.

+45 % Certains producteurs ont des émissions en hausse : +45 % entre 2016 et 2018 pour ABP (bœuf irlandais), +30 % pour l'allemand Tönnies (viande). Côté lait, +15 % pour Danone entre 2015 et 2017, +30 % pour le français Lactalis, qui a expliqué à l'AFP que *« cette croissance des émissions s'explique par la croissance du groupe »*.

? La plupart des 35 entreprises examinées ne déclarent pas leurs émissions de GES. Le groupe français Bigard ne publie même pas le nombre d'animaux tués par an.

1 Un jour de chiffre d'affaires annuel : c'est ce que représente l'effort financier de Danone, réputée plus vertueuse que les autres, pour réduire l'empreinte carbone de sa chaîne de producteurs. Nestlé investit de son côté 1,1 milliard d'euros sur quatre ans (2021-2025), soit 1,8 % de son chiffre d'affaires de 2018.

−11 % C'est, selon l'organisation onusienne de la FAO, la baisse des émissions de GES par litre dans l'industrie du lait entre 2005 et 2015. Mais les rejets globaux se sont accrus de 18 %, en raison de la croissance constante de la production. Pour paraître plus vertes, les entreprises privilégient le concept d'*« intensité carbone »* (émissions par litre de lait ou kilo de viande). Ces émissions peuvent diminuer pendant que les rejets globaux augmentent, puisque la production et le nombre de têtes de bétail sont en hausse. Les entreprises restent fidèles à leur modèle *« qui repose sur l'expansion continue du nombre d'animaux »*, déplore Shefali Sharma, la directrice Europe de l'IATP.

3 Seuls trois des vingt géants européens examinés en détail par l'IATP se sont engagés à réduire leurs émissions totales dues au bétail. Même ceux qui développent un plan climat utilisent des *« astuces comptables »* et misent sur les *« effets douteux des compensations de carbone »* (quand une entreprise finance un projet qui réduit ou séquestre des émissions de GES dans un autre lieu), selon l'ONG. Objectif : créer un *« écran de fumée vert »* et *« distraire l'attention des changements fondamentaux nécessaires »*, tout en rendant éleveurs et consommateurs responsables de la situation.

3 Seules trois des entreprises examinées ont l'intention de réduire leurs émissions en incluant la chaîne d'approvisionnement (Nestlé, FrieslandCampina et ABP). Shefali Sharma, de l'IATP, prévient : *« L'UE et ses États membres doivent se réveiller. »*

OBJECTIF TERRE

EN LUTTE
Les irréductibles anti-Amazon

TOUTE LA FRANCE EST OCCUPÉE PAR AMAZON… TOUTE ? NON ! LE VILLAGE DE FOURNÈS, DANS LE GARD, ENTRE NÎMES ET AVIGNON, RÉSISTE AU GÉANT AMÉRICAIN DU E-COMMERCE.

Projet d'Amazon
Construire à Fournès un centre de tri des colis de 38 000 m², sur six étages, occupant un terrain de 13,7 hectares, à côté de l'autoroute A9. À seulement une heure de route de Montpellier et de Marseille, sur une voie pratique pour l'Espagne. À la clé, la promesse de 600 nouveaux emplois et de retombées économiques sur tout le territoire.

Réaction des habitants
Inquiets du ballet à venir de 500 camions par jour et des nuisances environnementales, ils dénoncent des emplois précaires et voués à être remplacés par la robotisation. L'Association pour le développement de l'emploi dans le respect de l'environnement (Adere) recueille 36 000 signatures sur une pétition anti-Amazon. Elle organise sur le site du litige plusieurs manifestations qui rassemblent des milliers d'habitants. Les opposants déposent onze recours contre le permis de construire.

Issue du combat
Le 9 novembre 2021, le tribunal administratif de Nîmes rejette l'autorisation environnementale accordée au géant américain car *« le projet ne répond pas à une raison impérative d'intérêt majeur »*. Le 13 décembre, Amazon renonce à son centre de tri des colis. Une victoire alors que, quelques mois plus tôt, le 30 août, la multinationale ouvrait un centre de distribution de 185 000 m² à Metz, le plus grand de France.

Les sept dernières années, de 2015 à 2021, ont été les plus chaudes jamais enregistrées, selon un rapport de l'Agence européenne de surveillance du climat Copernicus. À la première place : 2020 et 2016, avec une température moyenne de 1,25 °C supérieure au niveau préindustriel. 2021 entre dans le top 5, avec une température moyenne supérieure de 1,1 à 1,2 °C. Et un record de température en Europe, avec 48,8 °C enregistrés en Sicile, en août 2021.

10 JANVIER

99 % des Français ont du glyphosate dans les urines, selon une étude sur 6 848 volontaires menée entre 2018 et 2020 par la revue *Environmental Science and Pollution Research*. Cet insecticide, utilisé dans le désherbage agricole, a été classé *« cancérogène probable »* en 2015 par le Centre international de recherche sur le cancer (organisme de l'OMS). Il est toujours massivement utilisé.

12 JANVIER

Nous franchissons la cinquième des neuf limites planétaires, celle de la *« pollution chimique »*. Ces limites, définies en 2009 par des scientifiques suédois, établissent des seuils (limite non dépassée/incertitude/dépassée) à ne pas franchir si on ne veut pas détruire la Terre. Les autres limites dépassées sont celles du réchauffement climatique, de la perte de la biodiversité, des rejets d'azote et de phosphore, et de l'usage des sols. Les quatre dernières concernent l'acidification des océans, la consommation d'eau douce, l'appauvrissement de la couche d'ozone et la pollution atmosphérique en aérosol.

18 JANVIER

SOIXANTE ANS APRÈS LA FIN DE LA GUERRE D'ALGÉRIE, LES OPÉRATIONS MENÉES PAR LES SECTIONS DE GROTTES POUR DÉLOGER LES INDÉPENDANTISTES DE LEURS CACHES SOUTERRAINES, RESTENT UN SECRET CADENASSÉ. LA RAISON ?

La guerre des grottes

LE RECOURS AUX GAZ TOXIQUES, QUE D'ANCIENS MILITAIRES FRANÇAIS ONT ACCEPTÉ DE NOUS RACONTER.

Par Claire Billet
Illustrations Benoît Hamet

as un grain de poussière ne traîne chez Denise et Jean Vidalenc, même le gazon du jardin est impeccable, accroché à flanc de colline dans le Cantal. Tic-tac, fait l'horloge du salon où le couple de retraités m'accueille avec chaleur. Jean, 85 ans, a les bonnes manières de ceux qui ont travaillé dur pour gravir l'échelle sociale. Son père a été berger, livreur de charbon, chauffeur. « *Nous n'étions pas riches, mais heureux* », précise-t-il avec un accent chantant. Il me conduit dans son bureau. Au mur, une carte de l'Algérie française, marquée de croix rouges. Je suis là pour qu'il me raconte cette guerre qu'il a tue à ses parents.

Appelé du contingent en 1957, intégré au génie, Jean a passé vingt-huit mois en Algérie. La durée légale du service militaire obligatoire venait d'être augmentée de dix mois. « *À 20 ans, vous aviez le droit d'aller à la guerre et pas le droit de voter.* » Électricien, Jean n'avait jamais voyagé. Sa femme, Denise, l'encourage d'un baiser, avant de s'éclipser. « *Je ne me suis pas endormi une fois en soixante ans sans y penser. Aux gens qui ne m'ont rien fait, sur qui j'ai tiré. J'ai eu honte d'être français.* » Les larmes brillent derrière ses lunettes fines.

Jean a 21 ans quand il est intégré à un commando spécialisé en combats souterrains, dans les Aurès, dans le nord-est de l'Algérie. Les indépendantistes algériens de l'ALN (Armée de libération nationale, bras armé du FLN) se cachaient dans les multiples grottes de cette région montagneuse pour échapper à l'armée française. Ils utilisaient les gigantesques réseaux souterrains autant que les anfractuosités pour se déplacer secrètement ou se réunir. Les abris devenaient des centres de repos, de commandement, de réparation ou de stockage d'armes et de munitions, des hôpitaux ou des réserves de nourriture.

L'unité de Jean était sollicitée pour « neutraliser » ou « réduire » ces grottes, selon le vocabulaire militaire. Avec leur barda, toujours prêts, ils pouvaient être héliportés à tout moment, depuis la base de Batna, la « capitale » des Aurès. « *On entrait par deux. Comme ça, en cas de problème, il n'y avait que deux morts. L'un avançait avec son arme, l'autre avec la lampe torche, en rampant ou accroupi.* » Ils fouillaient les coins sombres, en délogeaient leurs occupants algériens, puis dynamitaient l'entrée pour que d'autres n'y retournent pas. « *Nous étions des rats d'égout. On sortait couverts de boue.* »

Jean ouvre une valise en alu, décorée d'une pin-up des années 1950. Ses souvenirs y sont rassemblés. « *Je suis envoyé dans le désert, à Tolga, à 150 kilomètres au sud-ouest de Batna, le 23 décembre 1959. Un lieu nous a été indiqué par un prisonnier,* continue-t-il. *Au pied d'un dattier, un trou d'homme. Au bout de six mètres, un ruisseau d'irrigation. On ne peut circuler qu'à quatre pattes. Une trentaine de mètres. Du sable immergé, des traces de pas. Je suis vigilant. Une explosion, on nous tire dessus. Le haut de la galerie tombe sur nous. Ça fait un coude, face à un muret, l'assaillant est derrière.* » Le boyau est étroit, Jean n'arrive pas à tirer. Il craint de se blesser en lançant une de ses grenades. Il crie de se rendre, les tirs reprennent. Alors il dépose un large pot de gaz qu'il allume et s'en va. « *On a fait les 150 kilomètres pour rentrer et personne n'a parlé. La surface a été décapée au bulldozer le lendemain et ils ont découvert dix cadavres.* »

Il me montre la Médaille militaire qu'il a reçue pour ce fait d'armes. La plus haute distinction pour les hommes du rang. « *Dix personnes qu'on a tuées… insiste-t-il, accablé. Je ne sais pas comment vous expliquer, mais… Depuis que j'ai été chasseur et chassé, je n'ai jamais touché un fusil.* »

« On employait des gaz. C'était ça le "spécial" de notre section. Ça, fallait pas en parler. On fouillait la grotte, on la gazait et, si possible, on faisait sauter l'entrée », raconte Jean.

Jean me tend une photographie en noir et blanc, où il pose à côté d'un camion, dans le désert de Tolga, avec un binôme de la section de grottes, aussi dénommée section armes spéciales. Ils portent une tunique claire et un masque à gaz, comme dans un vieux film de science-fiction. *« On employait des gaz. C'était ça le "spécial" de notre section. Ça, fallait pas en parler. On fouillait la grotte, on la gazait et, si possible, on faisait sauter l'entrée.*
— *C'était quoi ces gaz ?*
— *J'en ai jamais su la composition. Ça se présentait en grenades ou en pots qui avaient la valeur de cinquante grenades. Comme des pots de confiture de 5 kilos.*
— *Il y avait quelque chose marqué dessus ?*
— *Je me souviens pas.*
— *Le gaz, il avait une odeur ou une couleur ?*
— *L'odeur, c'est secondaire, on reste pas à le renifler. La couleur, j'ai pas souvenance. La première fois qu'on s'est servis de ce gaz, on s'est retrouvés avec des brûlures partout où on transpirait. On a protesté et on nous a fourni des protections étanches. Des tenues en caoutchouc butyle. On nous avait déjà fourni des masques à gaz. »*

À peine formées, les sections de grottes ont été multipliées

Les grenades et les pots, que Jean n'avait pas le droit de faire circuler, étaient réservés à sa section. *« On était les seuls à avoir cette tactique. »* Il ne posait pas de question. Une fois rentré au cantonnement, il n'en parlait pas avec ses camarades et comptait les jours. À son retour d'Algérie, il s'est noyé dans le travail et s'oubliait sur sa moto. *« Ça a été un mutisme total. »* Jean n'a jamais voulu d'enfants, par peur de les voir participer à une autre guerre. Il a monté et géré un centre d'accueil par le travail pour personnes handicapées. Trente ans plus tard, ses souvenirs militaires ont resurgi de façon si violente qu'il a quitté la vie professionnelle. On parle aujourd'hui de « syndrome post-traumatique ». Il conclut : *« On a gazé les Algériens. »*

Je ne suis pas tombée sur Jean par hasard, j'ai fouillé le Net à la recherche d'anciens qui ont combattu dans les grottes. Je voulais trouver des preuves pour réaliser un film documentaire après qu'en 2020 Christophe Lafaye, docteur en histoire contemporaine, m'eut envoyé ce mot : *« À propos de l'Algérie, Claire, il faut qu'on parle. »* En bon pédagogue, cet enseignant quadragénaire a pris des heures pour détailler ses années de recherches. En voici un résumé, allégé du jargon militaire : dès 1956, l'armée française cherche à déloger les indépendantistes algériens de leurs caches souterraines. Après des opérations expérimentales, le gouvernement valide la création d'une batterie armes spéciales (au 411e régiment d'artillerie antiaérienne) chargée d'opérer dans les grottes.

Fin 1958, des sections de grottes sont créées un peu partout en Algérie, formées par cette batterie. En 1959, le général Maurice Challe (un des quatre du putsch des généraux à Alger en avril 1961) enclenche une offensive militaire d'ouest en est, couplée à des déplacements forcés et massifs de population. Les soldats vident les villages et regroupent les Algériens dans des camps. Les discrètes sections de grottes constituent un élément primordial de ce rouleau compresseur. À peine formées, elles sont multipliées, systématisées, étendues à plusieurs corps d'armées et utilisées jusqu'à l'indépendance.

Curieuse, j'ai mis le nez dans les archives cinématographiques sur l'Algérie, pour découvrir que Louis Malle s'était lui-même attelé à la réalisation d'un film sur le sujet, en 1962. Le cinéaste préparait une adaptation de *La Grotte*, un livre écrit en 1961 par le général

52—XXI **La guerre des grottes**

Georges Buis. À la Cinémathèque française, qui conserve les archives de Louis Malle, aucun film, mais des carnets à spirales, noircis de pattes de mouche. Sur une page, le réalisateur retrace une rencontre : « *Un sergent de 24 ans, ayant l'air d'en avoir dix de plus, spécialiste du génie des grottes. Il sort des documents militaires, plans et photos de "nettoyage" de grottes. Nez cassé, yeux saillants, fixes et presque aveugles de rage intérieure. Regret de n'avoir pas branché le magnétophone. Mais qu'est-ce que ça aurait prouvé ? Que la guerre n'est pas belle.* »

Dans un coin du carnet, comme un indice, deux noms. J'envoie ma trouvaille à Christophe Lafaye, qui reconnaît l'un d'eux.

ous atterrissons en Franche-Comté, dans une maison de retraite. Armand est chétif et bavard, le cheveux roux encore fou pour ses 83 ans. Sa routine commence à 6 heures : gymnastique, toilette, habillage, rangement « *au carré* », me précise-t-il : « *On n'est pas militaire pour rien.* » C'est plus que carré chez Armand, c'est géométrique. Une myriade d'objets sont positionnés en parallèle ou à la perpendiculaire. Sur le lit et les meubles trônent neuf stylos, douze peluches, quatre montres, la Médaille militaire (encore une !), une calculatrice, un drapeau français, des photos de sa défunte femme – « *une douceur* ». Au mur, un cliché noir et blanc où il pose, en uniforme, en Algérie.

Armand, suivant les pas d'un père officier qu'il admirait, s'engage en 1956 et rejoint les commandos en Algérie. Sa petite taille lui vaut d'être intégré dans une section de grottes, durant vingt-sept mois. « *On me surnommait "le Rat", parce que j'allais partout. Je suis petit, très fin. Je pouvais me faufiler.* » Le massif du Djurdjura où il est affecté est

Huit années de guerre en cinq dates

1er novembre 1954

Début de la guerre d'Algérie. Dans la nuit, des indépendantistes algériens du FLN provoquent 70 attentats en Algérie. Bilan : 10 morts. En réponse à cette « Toussaint rouge », la France veut affirmer son autorité sur l'empire colonial. Les effectifs de l'armée en Algérie passent de 50 000 hommes en novembre à 80 000 début 1955.

12 mars 1956

Le gouvernement obtient du Parlement les *« pouvoirs les plus étendus pour prendre toutes les mesures exceptionnelles commandées par les circonstances »* en Algérie. Cette année, le service militaire passe de dix-huit à trente mois. Fin 1957, 450 000 soldats français seront sur le terrain.

---

la plus longue chaîne montagneuse de Kabylie, 110 kilomètres en bordure de Méditerranée. Les plus hauts sommets culminent à 2 300 mètres, les cols à 1 000 mètres. Les cavernes sont innombrables. L'unité d'Armand peut y passer une heure comme une journée, perdue dans les profondeurs et leurs infinies ramifications.

« *Il faut pas avoir peur. On fait celui qu'a pas la trouille, mais on a la trouille* », confie Armand. Son visage grimace. « *Excusez-moi, mais on bande que d'une couille.* » Un souvenir le hante. Lors d'une opération, la tête décapitée d'un camarade roule à ses pieds. « *J'ai mes pataugas pleins de sang.* » Il se venge en tirant à bout portant dans l'œil d'un Algérien débusqué dans la grotte. « *C'est bête. C'est la hargne.* »

En janvier 1960, Armand est pris dans une fusillade à l'intérieur d'une grotte à Palestro (l'actuelle Lakhdaria). Son masque est arraché : « *Après, je sais pas. Je me suis retrouvé à l'hôpital à Tizi Ouzou, en Grande Kabylie, pendant vingt jours. C'est long, vingt jours d'hôpital pour une seconde d'inhalation […]. J'ai perdu 20 kilos en trois mois. C'étaient des gaz lourds, couleur verdâtre.* »

Et l'odeur ?

« *Elle était âcre. Comme certains produits qu'on emploie pour nettoyer, exactement la même odeur […]. On appelait ça les "chandelles à gaz", qui équivalaient à des centaines de grenades. Celui gazé par ça, s'il restait un quart d'heure, il était mort, asphyxié. Ça attaquait les poumons.* »

Armand ne s'en soucie guère. Une fois rentré d'Algérie, il est pris de cauchemars, suées nocturnes, crises d'angoisse, absences, insomnies… « *Ça ne passe pas.* » Il reçoit une pension d'invalidité pour blessures psychologiques, la Médaille militaire en 1980. Mais ne s'intéresse pas à la question du gaz auquel il a été exposé. Les commandos ne devaient pas parler de leurs « armes spéciales ». Le silence a été gardé. « *Les opérations étaient secrètes*, me précise l'historien Christophe Lafaye. *Et les archives des sections de grottes étaient classées secret de la défense nationale. Seuls quelques personnes habilitées et de rares historiens avec dérogation y ont eu accès. Les cartons sont principalement conservés par le service historique de la défense, le SHD, à Vincennes.* »

En 2008, le Code du patrimoine a été modifié par le législateur. Les documents classés secret-défense sont devenus libres d'accès, passé un délai de cinquante ans (cent, dans certains cas), sauf s'ils touchent aux localisations ou à l'élaboration d'armes de destruction massive. Une avancée pour l'étude des archives de la guerre d'Algérie. Deux chercheurs se mettent sur le sujet en 2015. L'un, que je surnommerai « le Colonel », car il n'a pas souhaité me parler, est militaire de carrière. Il a l'autorisation de consulter les documents du SHD pour écrire une thèse. L'autre historien, Christophe Lafaye, ambitionne d'élaborer une comparaison sur l'usage des armes spéciales entre différentes guerres de décolonisation. En premier lieu, il décide de questionner les anciens combattants français avant qu'ils ne décèdent. Certains, découvre-t-il, possèdent des documents uniques.

Dès 1956, sous le sceau du secret, la France valide l'usage de gaz toxiques

Dans la maison de retraite, Armand étale sur son lit une série de photographies en noir et blanc, qui font briller les yeux de Christophe, car elles ont échappé à la censure militaire. On y voit des soldats français, l'un avec une mitraillette, l'autre avec une combinaison, qui font cercle autour d'un trou dans la roche. Sur une autre, l'un sort d'une cavité, l'échelle de cordes à côté. Tous portent un masque. Mais pas de grenade ou de pot de gaz visibles sur ces images.

Les effets dévastateurs des gaz de combat, développés et utilisés durant la Première Guerre

3 juin 1958

Après le coup d'État de militaires français à Alger, le 13 mai, la guerre civile menace. Appelé par le président René Coty, le général de Gaulle fait adopter la Vᵉ République, et devient président en décembre. Le 16 septembre 1959, il défend dans un discours le droit des Algériens à disposer d'eux-mêmes. Le 8 janvier 1961, 75 % des Français s'expriment en faveur de l'autodétermination de l'Algérie lors d'un référendum.

18 mars 1962

Signature des accords d'Évian, le cessez-le-feu est proclamé le lendemain. La guerre aura mobilisé plus de 1,5 million de Français. 25 000 sont morts, les autres rentrent rongés par ce qu'ils ont vécu. Des dizaines de milliers de harkis seront massacrés.

3 juillet 1962

Référendum d'autodétermination : 99,7 % des Algériens votent « oui » à l'indépendance, après cent trente-deux ans de colonisation. Pendant la guerre, des centaines de milliers d'Algériens sont morts (environ 400 000 selon des historiens français, 1,5 million selon les autorités algériennes) ; 2 millions ont été déplacés.

---

mondiale, ont effrayé l'Europe au point que l'usage en a été interdit en 1925, avec la signature du protocole de Genève, sous l'égide de l'ONU. Bannis en guerre, ils pouvaient cependant être produits et stockés à des fins de défense. En 1959, le gouvernement français parle de « *maintien de l'ordre* » et non de guerre de décolonisation en Algérie, encore moins de guerre d'indépendance. Dès 1956, sous le sceau du secret-défense, le gouvernement valide l'usage de gaz toxiques. Ces armes chimiques, ou « matériel Z », rejoignent les armes spéciales (nucléaire, bactériologique, chimique). « *Ils s'en foutaient*, conclut Armand. *Ce qui est interdit, on fait quand même. En Algérie, y a eu des trucs, hein !* »

rmand dit qu'il a rencontré Louis Malle, mais que ça n'a mené à rien. Le cinéaste allemand Volker Schlöndorff, alors assistant du réalisateur français, me le confirme par e-mail : « *À l'époque, il n'a pas été fait de film sur la guerre d'Algérie, ni par Louis ni par quelqu'un d'autre. Dire la vérité n'était pas possible, pas dans une industrie cinématographique presque étatique.* » Des Algériens et des Français ont eu beau témoigner de l'usage de gaz – du napalm, entre autres –, la question du chimique en Algérie est restée secrète durant trente ans.

En 1997, Vincent Jauvert, un journaliste du *Nouvel Observateur*, sort une longue enquête sur B2 Namous, une ancienne base militaire française secrète située dans le Sahara, près de Beni Ounif, à une poignée de kilomètres de la frontière marocaine. Il révèle que, des années 1930 aux années 1970, la France y a testé des armes chimiques et bactériologiques, sur un polygone d'essai de 100 kilomètres de long sur 60 de large. Plusieurs soldats des sections de grottes ont participé à ces essais, note Christophe Lafaye. Ils étaient chargés, durant un à deux mois, de tirer les pièces d'artillerie ou d'assurer la protection des personnes sur place. Des obus de toutes sortes, contenant un gaz mortel, étaient tirés sur de petites cibles animales.

En pleine guerre froide, l'arsenal chimique secret était une fierté française bien gardée. Le ministre de la Défense de l'époque, Pierre Messmer, a confirmé au journaliste du *Nouvel Observateur* qu'une annexe secrète aux accords d'Évian, signés le 18 mars 1962, avait permis à la France de conserver B2 Namous après l'indépendance de l'Algérie. Rachid Benyelles, un ancien général algérien, a par la suite affirmé dans son autobiographie que cet accord avait perduré jusqu'en 1986. On n'en sait guère plus. « *La question est ultrasensible car il s'agit de raison d'État pour la France et pour l'Algérie*, m'explique Christophe Lafaye. *Les deux pays ne veulent pas que cela devienne un sujet de discorde.* »

Les habitants de Figuig, une ville marocaine toute proche de B2 Namous, ont commencé à exprimer des inquiétudes dans les années 1990, face au nombre anormalement élevé de cancers et d'autres maladies dans les familles, ainsi que de morts dans leurs cheptels. La pollution des sols par les armes chimiques n'a jamais été évoquée publiquement par les autorités françaises et algériennes. D'autant qu'en 1997 le traité d'interdiction des armes de destruction massive, signé par la France, entre en vigueur. Les armes chimiques en font partie. S'il y a production, elle doit être stoppée et les stocks, détruits. En 2013, le gouvernement français s'est fait le héraut de la lutte contre l'usage des armes chimiques quand le dictateur syrien Bachar el-Assad a utilisé contre son peuple le mortel gaz sarin. La France parlait en connaissance de cause : c'est un toxique

56—XXI **La guerre des grottes**

testé grandeur nature à B2 Namous, après avoir été fabriqué au centre d'études du Bouchet, en banlieue parisienne. Une information révélée au journaliste du *Nouvel Observateur* par un ancien chimiste de ce centre.

Fin 2019, « le Colonel » poursuit son travail d'historien sur les sections de grottes, le nez dans les archives du SHD. Un matin, des hommes de la Direction générale de la sécurité intérieure, le renseignement français, débarquent pour perquisitionner son appartement. Son ordinateur, ses disques durs, son téléphone et tous ses documents liés à l'Algérie sont saisis. Ils fouillent aussi son lieu de travail, devant ses collègues. « Le Colonel » est soupçonné de compromission du secret-défense, un délit passible d'un maximum de cinq ans de prison ferme et de 75 000 euros d'amende. L'historien militaire est humilié. Début 2022, aucune suite judiciaire n'avait été donnée à sa perquisition.

Des archives se referment alors qu'un travail de mémoire est demandé

L'incident signe le début d'une bataille entre l'État et les chercheurs, confrontés à une restriction sans précédent de l'accès aux archives militaires d'Algérie : dans le cadre de la réforme du secret-défense, une directive mise en application au SHD en décembre 2019 stipule que les dossiers estampillés « secret », jusque-là librement consultables passé un délai de cinquante ans, en vertu de la révision de la loi de 2008, ne le sont plus. Ils doivent être vérifiés page par page. Certaines archives sont refermées au moment où le président Emmanuel Macron demande un travail de mémoire sur la guerre d'indépendance algérienne. Un collectif d'historiens, d'archivistes et de proches de disparus saisit le Conseil d'État.

« *Nous sommes dans un vrai-faux exercice de mémoire*, se scandalise Christophe Lafaye.

« Dans les grottes, vous ne voyez pas. Les coups de feu, ça résonne, vous êtes abasourdis ! Y a des gars qui sont pas faits pour ça, qui n'auraient jamais dû aller là-dedans », se désole Yves.

Pour moi, ce sujet est très sensible pour la République. C'est le grand tabou du chimique. » Faute d'accès aux archives, l'historien accumule les témoignages oraux et réunit le maximum de documents appartenant aux anciens combattants. L'un d'eux s'est retrouvé pris dans une bataille juridique contre le ministère de la Défense. Christophe me conduit chez lui.

Yves vit dans une maison biscornue, au fond d'un sous-bois alsacien. L'entrée est marquée d'un panneau militaire : « Danger mines ». On longe un étang, on contourne un doberman enchaîné, on esquive les oies et on repousse deux molosses chiots. Yves, 86 ans, nous accueille avec le sourire, une voix rauque et une respiration sifflante. Dans une main, une bouteille de concentration d'oxygène, dans le nez, un tuyau d'inhalation. Ses yeux bleus étincellent. On s'attable dans l'étroite cuisine pour qu'il nous confie sa vie de parachutiste, ancien de la 75e compagnie du génie aéroporté, débarqué en Algérie en 1956.

Né dans une famille de militaires, le jeune Yves compte faire carrière comme son père, qui s'est illustré durant la Seconde Guerre mondiale et dans la guerre de décolonisation en Indochine. Après trente mois sous les drapeaux, Yves rempile. Il veut rester en Algérie. Il y passera quatre ans. « *J'aimais mieux le combat que l'administration.* » En 1959, sa section de grottes est créée. Il est choisi pour commander un groupe. Ses récits du feu sont nombreux et effrayants. « *Les grottes, c'est incroyable. Là-dedans, on n'est pas des surhommes. J'ai su me mettre à l'égal des gars qui étaient dedans. Je préférais être sous terre qu'au jour. Dans les grottes, vous ne voyez pas. Vous y allez à l'instinct. Les coups de feu, ça résonne, vous êtes abasourdis ! Mais y a peu d'appréhension.* » Yves a été décoré de la Légion d'honneur et de la Médaille militaire. C'est un dur à cuire. « *Je suis comme ça, mais y a des gars qui sont pas faits pour ça, qui n'auraient jamais dû aller là-dedans. Y en a, des gars, qui ont meublé les instituts psychiatriques en France, après la guerre d'Algérie !* »

Yves a été touché par les gaz. Au début, son corps s'est « *comme qui dirait accoutumé* », mais sa barbe a nui à l'hermétisme du masque. Le 14 octobre 1959, il « *tombe dans les vapes* » et se retrouve deux jours à l'antenne médicale de Beni Aziz – qu'il appelle « Chevreul » comme à l'époque coloniale –, une cité située à 60 kilomètres au nord de Sétif. « *Pas grave.* » Il en respire encore en 1960. De retour dans le civil, six ans plus tard, il tombe malade à répétition : « *Des bronchites et des conneries comme ça, inimaginables. J'ai les bronches qui sont comme du cuivre, qui ont brûlé.* »

Une pension d'invalidité revalorisée contre l'avis du ministère

Après plusieurs hospitalisations, le vétéran demande en 2008 une revalorisation de sa pension d'invalidité, que le ministère de la Défense lui refuse. Yves conteste la décision devant le tribunal des pensions militaires. « *Le ministère de la Défense ne reconnaissait pas les gaz* », se rappelle Yves, réglo et fort en gueule. « *Alors il fabule le vieux, c'est un gogol ! On ne peut pas être pris au sérieux, y a plus rien, pas d'informations là-dessus [...] Donc le vieux déboulonne. Le soleil d'Algérie a tapé !* » Il sort ses dossiers et étale les documents : neuf ans de bataille administrative, avec témoins, expertises et contre-expertises. « *C'était pas contre l'armée, attention ! C'était contre le ministère !* »

En 2016, Yves est victime d'un infarctus. À la fin de l'année, le tribunal des pensions militaires d'invalidité de Besançon conclut que son insuffisance respiratoire « *est entièrement imputable au service* ». Il obtient sa pension. Sur le jugement, je peux lire ces mots : « la diphénylaminochlorarsine (adamsite ou DM) et la chloracétophé-

none (ou CN) ». Et encore : « *Ces gaz CND, CN2D et CN DM sont létaux en milieu fermé.* » Des gaz de combat puissants qui provoquent brûlures, toux, maux de gorge et de tête, nausées persistantes, vomissements. Ils étaient utilisés pour faire des prisonniers, pas pour tuer, me précisent les vétérans. Mais les cadavres portaient les traces crues de l'asphyxie, à cause de la concentration de gaz, respirée en un temps court.

es sections étaient souvent appelées quand la grotte était vide, pour l'« *infecter* ». Le CN2D, par sa composition, restait accroché aux parois, comme de la poussière. Il la « *neutralisait* » longtemps car le moindre mouvement à l'intérieur soulevait le gaz. « *Excusez-moi de parler comme un militaire, vulgaire quoi : on est des beaux dégueulasses ! On aurait dû dévoiler ça avant*, s'énerve Yves. *Parce que combien de civils ont dû retourner dans les grottes, hein ? Les gosses et tout ça ?* » Aucun des vétérans rencontrés ne sait combien de temps le gaz reste actif ; certains parlent de mois, d'autres d'années. Ils mentionnent d'autres gaz plus mortels que le CN2D, sans preuve.

Yves, Armand, Jean et ceux qu'a rencontrés Christophe Lafaye affirment qu'ils ont laissé les cadavres de combattants algériens dans les grottes. « *Ceux qui étaient debout sortaient. Les morts sont restés…* » Derrière les entrées détruites. Le nombre de disparus de cette guerre souterraine est inconnu. Leurs familles n'ont pas su s'ils étaient morts et dans quelles conditions. Certains proches voudraient retrouver les corps des anciens résistants, quand d'autres leur rendent hommage devant les entrées des grottes répertoriées. Ils n'ont pas eu de sépulture pour pleurer.

Le total des opérations souterraines est inconnu. « *Toujours pareil : secret*, lâche Yves. *Je pense qu'on était un effectif de 2 000 à 2 500 gars en Algérie.* » Yves a participé à 95 opérations de grottes. Armand et Jean, à une trentaine, chacun dans une section différente ; ça donne un ordre de grandeur, d'une ampleur insoupçonnée.

Les archives militaires de la guerre d'Algérie contiennent l'historique des sections de grottes et les comptes-rendus des opérations : localisations, descriptions, dates, type de munitions, quantités utilisées, résultats. Une recherche titanesque attend les historiens, qui pourrait permettre aux Algériens de savoir où se trouvent les corps de leurs proches. Comme un pas, dans un processus de réconciliation. En 2021, Christophe Lafaye demande au SHD la consultation d'un carton d'archives lié à l'utilisation des armes spéciales en Algérie. Le ministère des Armées s'y oppose, au motif que ce carton concerne des armes de destruction massive. Christophe fait appel de cette décision auprès d'une commission administrative, qui refuse la consultation des trois quarts des documents, sans avoir pu en examiner aucun. Au même moment pourtant, la ministre de la Culture fait ouvrir les archives judiciaires de la guerre. Un pas en avant, un pas en arrière…

Pour Yves, « *tout ça, c'est une question politique, ça nous regarde pas, nous les militaires* ». Il ne se soucie pas tant du montant de sa pension que de la reconnaissance qu'elle implique. Un de ses anciens camarades de section, atteint d'une maladie respiratoire, est décédé avant de passer au tribunal. Il tient à le faire déclarer « mort pour la France », à titre posthume. Yves raconte son histoire car il est persuadé qu'il y a eu d'autres soldats touchés par les gaz, d'innombrables anciens combattants algériens et des civils. « *Y a des injustices partout. Mais j'irai au bout. Le bon Dieu veut pas de moi.* »

« Il faut trouver des sources alternatives »

Faute d'accès aux archives, l'historienne **Raphaëlle Branche**, spécialiste de la guerre d'Algérie, préconise de rechercher des témoignages, comme elle l'a fait dans ses deux derniers ouvrages.

Depuis 2000 et sa thèse de doctorat sur « L'Armée et la torture pendant la guerre d'Algérie, les Soldats, leurs chefs et les violences illégales », l'historienne Raphaëlle Branche, 49 ans, s'est imposée comme la spécialiste de la violence en situation coloniale, en particulier lors de la guerre d'Algérie. Enseignante à l'université de Paris-Nanterre, elle a notamment publié *Papa, qu'as-tu fait en Algérie ?* (éd. La Découverte, 2020). Pour cet ouvrage, elle a enquêté, au moyen de questionnaires, auprès des familles d'appelés en Algérie, pour creuser les silences et les non-dits des hommes depuis leur retour de la guerre. Elle se bat pour un accès plus large aux archives militaires.

Raphaëlle Branche
En guerre(s) pour l'Algérie
Éd. Tallandier/Arte Éditions, 2022.

Pourquoi n'a-t-on pas accès à certaines archives de la guerre d'Algérie ?

Tout citoyen peut accéder aux archives, c'est la loi. Certaines exceptions sont prévues par le Code du patrimoine, en particulier pour les documents qui touchent à la protection de la défense et de la sécurité du territoire. Depuis 2008, il faut attendre un délai de cinquante ans. Pour la guerre d'Algérie, tout est donc théoriquement accessible depuis dix ans, sauf à la marge. Cependant, cette loi de 2008 a aussi créé une nouvelle exception : celle des archives à jamais incommunicables. C'est très étonnant du point de vue démocratique. Pour les citoyens qui étudient l'histoire, ces documents-là ne seront jamais visibles. La loi précise leur nature : ceux qui permettent de concevoir, fabriquer, utiliser ou localiser des armes nucléaires, biologiques, chimiques ou toute autre arme ayant des effets directs ou indirects de destruction d'un niveau analogue.

Il y a une loi plus récente aussi ?

La loi relative à la prévention du terrorisme et au renseignement, de juillet 2021, a créé des délais particuliers notamment pour les archives des services de renseignement. La loi ne fixe pas de délai, plutôt une durée liée à l'obsolescence des techniques ou du matériel mentionné. Mais la question reste entière : qui dit quand les choses seront obsolètes ?

Existe-t-il un abus du secret-défense, pour garder certains dossiers fermés ?

Je ne crois pas à une vaste théorie du complot. En revanche, il y a clairement des individus que ça dérange. Des formes de résistance avérées ont bien existé : des documents qui devaient être versés aux archives n'ont été transmis que vers 2000. Très tard après la guerre d'Algérie ! Ce genre d'opposition existe peut-être encore, mais il est marginal. Au sein de l'État, il y a par ailleurs des fantasmes sur l'usage qui pourrait être fait de ces documents ou qui pourrait mettre à mal les relations avec l'Algérie. Enfin, des gens ont peut-être peur de potentielles poursuites pénales. Ces résistances sont visibles en particulier à travers l'IGI 1300, l'instruction générale interministérielle, dont la mise en application récente a abouti au fait que certaines archives n'étaient plus accessibles. En juin 2021, le collectif Accès aux archives publiques, auquel j'appartiens, a gagné

ENTRETIEN

la bataille : le Conseil d'État a jugé illégal un article de l'instruction et l'a annulé. Le rapporteur public au Conseil d'État a pointé du doigt la période de la guerre d'Algérie comme origine du blocage. Ce conflit est un des derniers moments où nous pouvons documenter les premiers essais nucléaires de la France et certainement un moment où elle a pu tester des armes chimiques. Cela pourrait expliquer que des personnes au sein de l'État soient soucieuses de ne pas le faire savoir.

Faute d'accès à certaines archives, comment les historiens effectuent-ils leurs recherches ?
Nous devons trouver des sources alternatives. Pour les armes chimiques, cela revient à se demander qui aurait pu témoigner. Ceux qui les ont employées, ceux qui en ont commandé l'usage et ceux qui les ont subies. Des gens qui ont assisté à son utilisation. Mais la presse n'a eu qu'un accès très limité au terrain. Nous savons pourquoi ceux qui l'ont commandée n'ont pas parlé, c'était une arme interdite. Les soldats qui n'avaient pas de responsabilités se sont peut-être sentis complices. Le risque de briser le secret a pu les inciter à se taire. Ils n'avaient peut-être pas conscience de ce qu'ils faisaient. Ou alors, ils n'en ont pas parlé car ils n'ont simplement pas raconté en détail la guerre d'Algérie. C'est très largement le cas. Du côté des Algériens et des personnes qui auraient pu subir l'arme chimique, il n'y a quasiment pas eu de plaintes. Pas étonnant, ils étaient dans une guerre coloniale asymétrique, avec un accès au droit et à la justice à peu près nul pour les victimes. Et après ? Pourquoi témoigner ? En Algérie, des gens ont raconté. Dans les régions où ça a eu lieu, ça se sait quand les membres d'une famille ont perdu l'un des leurs dans une grotte. Cela ne dépasse pas ce cadre. Du côté des militaires français, nous trouvons une autre forme de récit, avec ceux qui auraient pu avoir des séquelles. S'ils en ont eu, ils ont pu s'adresser au tribunal des pensions. On peut chercher des sources de ce côté.

Pourquoi le sujet des armes chimiques est-il important ?
Il fait partie des éléments qui éclairent la nature de la guerre en Algérie et notamment son rapport

Jean Vidalenc (en haut, à gauche) et un binôme de sa section armes spéciales, lors d'une intervention à Tolga, en décembre 1959. Ci-dessus, embarquement à bord d'un Sikorsky H11, à Victor-Duruy (Oued Chaaba), près de Batna, en février 1960.

au droit. Elle a été menée en dehors du droit de la guerre alors que la France avait signé des conventions internationales. Par exemple, le napalm était interdit mais largement utilisé. L'armée parle de *« bidons spéciaux »*. Tout le monde le sait, reste à en faire l'histoire. Peu de chercheuses et chercheurs connaissent l'usage des armes chimiques alors qu'il y a des conséquences importantes sur les combattants, les civils, l'environnement sans doute aussi. Faute d'accès aux sources, faute de travail scientifique, on prive les sociétés d'éléments de savoir mais aussi de la possibilité de demander des réparations ou de prendre des précautions s'il y a des dommages. Jusqu'à présent, la question a été ignorée.

PROPOS RECUEILLIS PAR CLAIRE BILLET

Le jour où la vie de Nadir Marouf a basculé

Anthropologue et professeur d'université à Amiens, Nadir Marouf était en mai 1958 un jeune Algérien de 18 ans. Son insouciance a pris fin devant des cadavres alignés à l'entrée d'une grotte.

Comment, côté algérien, a-t-on vécu la guerre des grottes ? Nadir Marouf en garde un souvenir plus que douloureux. Selon ses dires, il a été conduit par une Jeep de l'armée française jusqu'à une *« sorte de charnier »* devant une grotte, le 26 mai 1958. Y gisaient, d'après son décompte, 18 cadavres *« étalés les uns à côté des autres, gazés, méconnaissables, en début de décomposition »*. Il avait 18 ans, en a 81 et nous raconte ces *« visages noircis et ces corps gonflés comme des ballons de baudruche, qui avaient triplé de volume »*. C'est la première fois qu'il voyait des morts. *« J'en ai pleuré sur place. Le traumatisme a duré des années. »*

Un témoignage « plausible »

L'armée française l'aurait utilisé, avec deux camarades, pour reconnaître ces *djounoud*, combattants de l'Armée de libération nationale cachés dans cette grotte près de Lamoricière (actuel Ouled Mimoun, près de Tlemcen, dans l'Est algérien). *« Les militaires français ne se risquaient pas dans ces grottes immenses, aux passages étroits. Leur seul moyen d'action, c'était le gaz. »* Nadir Marouf, devenu anthropologue et professeur d'université à Amiens, ne doute pas que le gaz a causé ces morts : *« Comment, sinon, expliquer ce triplement de volume et ces visages noircis ? On gaze pour tuer. Puis ils ont envoyé des prisonniers récupérer les corps, au cas où il y aurait encore des vivants. »*

Même parcellaire, son témoignage, également détaillé dans un livre récent*, est *« plausible et vraisemblable »* pour l'historien Christophe Lafaye. Sauf que, faute d'accès à toutes les archives, *« recouper les éléments et parler de charniers sans éléments de contexte complémentaires est toujours très difficile »*. Et comment être certain que la mort serait due au gaz, pas à une asphyxie par monoxyde de carbone ? *« On pourrait peut-être documenter ce témoignage en recherchant dans les archives du service historique de la défense »*, estime l'historien. Et trouver quelle unité a pu intervenir.

Des « enfumades » comme au XIXe siècle

Pour Nadir Marouf, la technique rappelle les *« enfumades »* des années 1840, lors de la conquête française, quand l'armée a asphyxié des milliers de personnes, dont des femmes et des enfants, en allumant des feux à l'entrée de grottes où elles s'étaient réfugiées. *« Si ces gredins se retirent dans leurs cavernes, enfumez-les à outrance comme des renards »*, avait clamé le général Bugeaud. L'armée a réutilisé cette technique un siècle plus tard, comme en témoignent les photos de cet *« enfumage d'une grotte par les militaires français »*, le 12 février 1957, sur le site de l'ECPAD, le service de communication audiovisuelle de la défense.

Ces caches, Nadir Marouf en a partagé l'ambiance angoissante après avoir rejoint le maquis en 1957, à 17 ans. Il réalisait une *« fugue »*, un *« fantasme insouciant »* d'ado en rupture avec son père plus qu'un acte militant. Ces planques, différentes des grottes naturelles, étaient conçues *« sur le modèle de celles utilisées par les combattants du Viêt-minh »* : *« On entrait par une sorte de puits, puis le trou se rétrécissait, jusqu'à une dalle sur laquelle on replaçait un couvercle. Celui-ci était ensuite recouvert de terre. »*

ÉCLAIRAGE

62—XXI **La guerre des grottes**

Les Grottes du Dahra, eau-forte de Tony Johannot, évocation d'une des premières «enfumades», en juin 1845.

En dessous, une galerie conduisait à une salle en forme d'entonnoir, avec une cheminée d'aération. Les *djounoud* s'y reposaient la journée, avec la crainte de «l'encerclement», quand l'armée française ratissait les lieux : *«La police militaire torturait sur place, avec la gégène. Si le torturé crachait le morceau, le lieu précis était immédiatement attaqué et ils faisaient sortir les "djounoud" comme des rats. En général, les gens préféraient se suicider.»* Pour éviter d'être repérés, ils obstruaient la cheminée d'aération. *«Le gars qui, en surface, nous planquait, lâchait : "soldats !" et fermait l'orifice. L'oxygène se raréfiait. Certains préféraient parfois sortir. Plutôt mourir à l'air libre qu'étouffé.»*

Une histoire qui reste à écrire

Devant le charnier, il dit n'avoir identifié qu'un combattant, Moulay Najem, qui l'avait impressionné dans les caches par sa résistance *«phénoménale»* au manque d'oxygène. D'après Christophe Lafaye, Nadir Marouf décrirait une opération de renseignement : *«Le commandement aurait décidé pour une fois de sortir les corps afin de les identifier, peut-être parce qu'il recherchait un chef de katiba. Dans 90 % des témoignages d'anciens combattants que j'ai recueillis, les cadavres étaient laissés au fond de la grotte, et l'entrée, dynamitée.»*

Arrêté le 5 mai 1958, jour de ses 18 ans, à cause d'un courrier intercepté, Nadir Marouf avait été conduit au bastion 18, centre d'interrogatoire de Tlemcen. *«J'ai été torturé pour rien, je ne savais rien.»* Le 25 mai, l'armée l'a, selon ses dires, retiré à la dernière minute d'une liste de détenus à exécuter pour le conduire au charnier. Cette nuit-là, assure-t-il, 42 Algériens furent fusillés. Pourquoi l'a-t-on épargné ? Nadir Marouf ne l'a jamais su ; peut-être le geste d'un capitaine français qui lui a sauvé la vie.

En Algérie, son témoignage s'inscrit dans la mémoire collective, estime l'historien algérien Daho Djerbal : *«Ces faits sont connus de la population. Il y a eu des témoignages, des travaux, des initiatives locales.»* Reste, comme en France, à en écrire l'histoire : *«Les traces existent dans les archives, mais il faudrait qu'elles soient accessibles. Ça viendra un jour.»*

MICHEL HENRY

* *De mémoire d'homme, Une vie, deux combats*, de Nadir Marouf (éd. L'Harmattan, 2021).

« Un gigantesque travail reste à faire

Lorsque je m'intéresse à la guerre d'Algérie, en 2020, je contacte l'historien Christophe Lafaye, que je connais depuis une autre guerre, celle d'Afghanistan. Il vient de mettre ses recherches à l'arrêt, inquiété par la perquisition chez un militaire historien et par la fermeture des archives. Nous échangeons sur messagerie cryptée. Sommes-nous paranos ? Ou faisons-nous face à une mauvaise conjoncture ? « Le chimique » est-il coincé par des textes législatifs complexes ? Je n'ai pas la réponse. D'autant qu'une part gigantesque du travail reste à faire. Je veux aller en Algérie retrouver des vétérans ou leurs proches. Les corps ensevelis peuvent-ils être identifiés ? Le gaz a-t-il laissé une empreinte ?
J'ai commencé par des anciens combattants français, rencontrés aux quatre coins de la France. Après des années de mutisme, ils racontent leur expérience avant qu'elle ne disparaisse avec eux.
Au cœur de tout ça, les archives militaires liées à l'usage des armes chimiques. Ces cartons n'ont l'air de rien alors qu'ils sont, pour nous citoyens, essentiels. Ils n'appartiennent pas à ceux qui les produisent, ils sont les traces que notre État nous laisse. Ils représentent notre droit à savoir, un jour ou l'autre, ce qui a été fait en notre nom.

C. B.

»

EN COULISSES

Secret-défense : utile ou abusif ?

Les secrets militaires et diplomatiques existent depuis la Révolution, retrace Bertrand Warusfel, professeur de droit public à l'université Paris 8. *« Mais ils n'avaient pas de définition légale*, poursuit l'avocat. *On punissait juste ceux qui fournissaient des secrets à l'ennemi. »* En 1939, à l'aube de la Seconde Guerre mondiale, la protection du « secret de la défense nationale » apparaît pour la première fois dans le Code pénal. Le secret-défense existe dans tous les pays organisés. Il désigne un niveau d'habilitation restreint à des informations et des documents sur la sécurité nationale : *« L'antiterrorisme, l'espionnage, le nucléaire… Toutes les données sensibles produites par l'administration, qui décide elle-même ce qui doit être protégé ou non. »* Pour Bertrand Warusfel, c'est une procédure normale : *« Imaginez la catastrophe si n'importe qui avait accès aux plans de nos centrales nucléaires ! »*

Une « déclassification » entérinée par l'Élysée…
Officiellement, les archives de la guerre d'Algérie devraient être en grande partie déclassifiées. Dans la pratique, les chercheurs essuient toujours des refus. D'où la supplique de l'historien Benjamin Stora qui recommande, dans un rapport à Emmanuel Macron en janvier 2021, *« l'application stricte de la loi sur le patrimoine de 2008 »* : *« Il s'agit de revenir dans les plus brefs délais à la pratique consistant en une déclassification des documents "secrets" déjà archivés, antérieurs à 1970. »* L'Élysée donne son feu vert en mars 2021 pour procéder aux déclassifications *« jusqu'aux dossiers de l'année 1970 incluse »*. Donc, ceux de la guerre d'Algérie. Emmanuel Macron semble alors tracer un chemin vers plus d'ouverture. En septembre 2018, il reconnaît que Maurice Audin, militant anticolonialiste, a été assassiné par l'armée française en 1957, *« mort sous*

la torture du fait du système institué alors en Algérie par la France ». Et annonce *« l'ouverture des archives sur le sujet des disparus civils et militaires, français et algériens »*. En mars 2021, nouvelle avancée : le chef de l'État reconnaît, *« au nom de la France »*, que l'avocat et dirigeant nationaliste Ali Boumendjel a été *« torturé et assassiné »* par l'armée française, lui aussi en 1957. Emmanuel Macron veut *« regarder l'histoire et face »* et *« réconcilier les mémoires »*. Mais il envoie des signaux contradictoires qui brouillent son message : en septembre dernier, il regrette que *« la nation algérienne post-1962 [se soit] construite sur une rente mémorielle »* basée sur *« une haine de la France »*. Cette déclaration provoque une crise diplomatique avec Alger.

… sauf pour des documents « incommunicables »

Dans la pratique, les déclassifications sont partielles et partiales. Restent soumis au secret des documents qui peuvent porter atteinte à des personnes impliquées dans le renseignement. *« Un Algérien infiltré dans un groupe du FLN pour la France, par exemple »*, explique Bertrand Warusfel. *« D'autres raisons sont plus floues : certains documents qui ont encore une "valeur opérationnelle" resteront incommunicables, quand bien même cette valeur est difficile à définir. »* Pour l'avocat, de nombreux documents ne devraient plus être classifiés : *« Cela empêche le travail historique, brouille la mémoire collective, coûte de l'argent et entretient le complotisme. »*

BRUNO LUS

Conseils de libraire
Librairie La Plume Vagabonde, à Paris

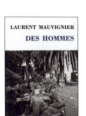

Des hommes
de Laurent Mauvignier
Éd. de Minuit, 2009
En 1960, ils sont partis combattre en Algérie. Deux ans après, tous sont brisés, la tête pleine de guerre. Comment survivre quand on a survécu ?

La Bataille d'Alger
de Gillo Pontecorvo
1966
Ce film algéro-italien reconstitue la bataille d'Alger de 1957, entre les parachutistes de l'armée française et les combattants du Front de libération nationale. Tourné dans la Casbah en 1965, il subit une censure « sociale » à sa sortie : menaces et attaques à l'explosif des salles de cinéma qui le projettent.

La Grande Peur du petit Blanc
de Frédéric Paulin
Éd. Goater, 2013
Achraf Laïfaoui, Louis Gascogne, Kader et Rochdi Mekchiche ont survécu à la guerre, mais n'en sont jamais revenus. Un roman noir comme la vengeance.

De nos frères blessés
de Joseph Andras
Éd. Actes Sud, 2016
C'est l'histoire d'un fait divers. En 1957, Fernand Iveton, ouvrier pied-noir communiste et indépendantiste, dépose une bombe dans une usine. Elle est désamorcée. Pas de victime… à part Fernand, qui finira guillotiné. L'auteur, Joseph Andras, refuse le prix Goncourt du premier roman, se disant contre l'idée de compétition. Un livre adapté au cinéma en 2022, avec Vincent Lacoste.

Avoir 20 ans dans les Aurès
de René Vautier
1972
1961, un an avant la fin de la guerre. Un commando de Bretons affronte des membres de l'Armée de libération nationale. Réfugiés dans une grotte, ces jeunes de l'armée française, anciens antimilitaristes, s'interrogent : qu'est-ce qui les a transformés en hommes violents et sans pitié ?

À LIRE, À VOIR

la Ve République, la tête à l'envers

PRIVÉ DE VOYAGES PAR
LA PANDÉMIE DE COVID,
LE PHOTOGRAPHE
GUILLAUME HERBAUT
A TRAQUÉ LES SYMBOLES
DE LA RÉPUBLIQUE
FRANÇAISE, MISE SENS
DESSUS DESSOUS PAR
LA CRISE. AVEC UN REGARD
IRONIQUE, GRINÇANT,
PARFOIS GRAVE.

« Ce poirier, improvisé par un ancien combattant sur le perron de l'Élysée, en marge des commémorations du 11-Novembre, est devenu viral ! »

« Quel plus grand symbole républicain que la place de la Concorde ? Louis XVI y a été guillotiné en 1793 (alors place de la Révolution). Mais le lieu que je prends en photo, juste après le premier confinement, en juin 2020, a perdu de sa superbe. Il n'y a pas un chat, des herbes folles ont poussé. Comme si la ville avait été abandonnée. »

« Le 5 mai 2021, pour le bicentenaire de la mort de Napoléon, des amateurs de reconstitution historique habillés en soldats de l'armée impériale procèdent à une cérémonie autour de son tombeau, à l'hôtel des Invalides, où son descendant, Jean-Christophe Napoléon, a déposé une gerbe. Une parade représentative d'une idée traditionnelle de la France. »

« La ministre des Armées, Florence Parly, remet une décoration aux élèves de deuxième année de l'école militaire de Saint-Cyr, qui forme les futurs officiers de l'armée et de la gendarmerie. Ce soir de juin 2020, aux Invalides, il fait chaud, surtout en uniforme. Une élève fait un malaise. J'ai tellement vu ça en défilé militaire que je pourrais en faire une série photographique entière ! »

« Au Sénat, pendant les questions d'actualité au gouvernement, je scrute la salle en quête de détails surprenants. Je ne m'attendais pas à tomber sur un portrait du général de Gaulle, le fondateur de la Vᵉ République, sur une coque de smartphone ! Ne soyons pas moqueurs avec le sénateur : l'angle de la photo donne l'impression qu'il est assoupi, mais je crois qu'il réfléchit ! »

« Il y a près de 100 mètres de file d'attente pour l'aide alimentaire organisée par des associations locales à Clichy-sous-Bois, en Seine-Saint-Denis, pendant le premier confinement. Pères et mères arrivent tôt le matin et font des heures de queue. Ensuite, ils retournent se confiner chez eux, dans les immeubles au second plan. Ce 15 avril 2020, 750 personnes sont servies, 54 palettes de nourriture, distribuées. »

« Avec le Covid, Laura perd son travail dans la restauration. Elle quitte Paris et retourne vivre chez sa mère, Patricia, au Mans. Patricia, chanteuse et intermittente du spectacle, n'a plus de travail non plus. Laura pose devant une semaine de nourriture, obtenue grâce au Secours populaire, lors d'une distribution alimentaire, la première de sa vie. Depuis, Laura a retrouvé du travail à Paris. »

« Le 7 décembre 2020, le président Emmanuel Macron invite son homologue égyptien Abdel Fattah al-Sissi à l'Élysée. C'est de la realpolitik : malgré son régime répressif, l'Égypte reste un partenaire stratégique. J'accentue l'aspect protocolaire avec un plan large qui donne aux chefs d'État l'allure de petits soldats de plomb. Ou de santons de crèche, avec le sapin de Noël derrière… »

« Pendant le deuxième confinement, je roule de ville en ville sur les départementales dans une ambiance de fin du monde. À Gometz-la-Ville, 1500 âmes, dans l'Essonne, je tombe sur cette sculpture en souvenir de l'aérotrain. Ce projet de train propulsé sur un coussin d'air a été abandonné dans les années 1970, achevé par le choc pétrolier de 1973, alors que le système de propulsion dépendait du pétrole. Un symbole du génie français ! »

« 19 mars 2021, Perpignan, journée nationale du souvenir et de recueillement à la mémoire des victimes civiles et militaires de la guerre d'Algérie et des combats en Tunisie et au Maroc. Sûrement un peu fatigué, un porte-drapeau a presque couché son étendard contre la rambarde. Normalement, le drapeau doit toujours rester droit ! Le maire Rassemblement national, Louis Aliot, organise de son côté une exposition sur les massacres de harkis et pieds-noirs perpétrés après le cessez-le-feu de 1962. La ville est divisée. »

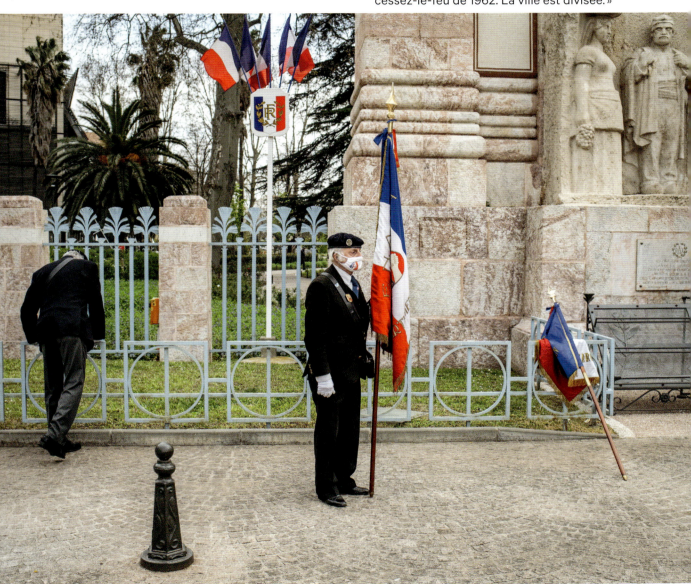

« Le défilé militaire du 14 juillet 2020 se déroule en comité restreint, à cause de la situation sanitaire. Je n'y ai pas accès. À la place, j'explore les environs. Je vois ce sans-abri dans le jardin des Tuileries. Il reste allongé, dans des tonalités bleu-blanc-rouge, à écouter de la musique quand la Patrouille de France laisse dans le ciel ses traînées tricolores. Un télescopage de l'idéal de la République et de la réalité sociale. »

« Le personnel soignant manifeste sur l'esplanade des Invalides pour dénoncer le manque de moyens à l'hôpital. Je suis loin de me douter que, ce 16 juin 2020, j'aurais besoin d'un casque et de protections. Plutôt qu'exfiltrer les black blocs, les forces de l'ordre attendent que ça dégénère et encerclent tous les manifestants. Les pavés volent au-dessus de ma tête. En pleine crise sanitaire, l'État balance du gaz lacrymogène sur les professionnels de santé. »

« Je ne lui demande rien : cet assesseur du bureau de vote du 20e arrondissement de Paris prend lui-même cette pose christique, digne de la Cène. Ce deuxième tour des élections municipales, le 28 juin 2020, a lieu sous le patronage du seul être non masqué, à gauche : le mannequin de cire de Léon Gambetta, défenseur de la République. »

« La caravane du Tour de France arrive à l'Arc de Triomphe, ce 20 septembre 2020. D'un côté, l'Arc, qui représente la puissance militaire. De l'autre, les couleurs et l'animal emblématiques de la France, utilisés comme symbole commercial. Au milieu, un gendarme qui ne rigole pas. »
Propos recueillis par Bruno Lus

Une démocratie sans vote ?

La démocratie est en crise : montée des populismes, défiance envers le monde politique, libertés mises à mal par le Covid... Le vote est boudé. Plus de la moitié des électeurs inscrits n'ont pas participé aux législatives en 2017. Idem aux municipales en 2020. Abstention record de 65 % aux élections régionales et départementales en juin 2021. Soucieux de rétablir la confiance, certains réclament la modification des procédures électorales. D'autres proposent d'aller beaucoup plus loin.

Auteur de *Contre les élections* (éd. Actes Sud, 2014), l'historien belge David Van Reybrouck, 50 ans, plaide pour une démocratie en partie non élective. *« La démocratie est en faillite parce qu'on l'a réduite aux élections »*, affirmait-il à *Télérama* voici quelques années. En crise de légitimité et d'efficacité, le système actuel use, selon lui, les citoyens. Pour éviter cette érosion démocratique, Van Reybrouck suggère un recours partiel au tirage au sort, pour établir un système bi-représentatif : en complément de l'assemblée élue, une assemblée tirée au sort apporte des idées ou tranche quand les élus n'y arrivent pas, redynamisant ainsi le pouvoir législatif.

« Il ne faut pas passer du fondamentalisme électoral au fétichisme du tirage au sort », expliquait Van Reybrouck à *Libération* en 2014. Ce système permet simplement de constituer un échantillon équilibré de gens à qui on donne le temps et les moyens nécessaires, au contact d'experts, pour se forger une opinion, et parvenir à une vision sociétale qui va beaucoup plus loin que les élections, les sondages et les référendums. » Selon lui, le *« syndrome de fatigue démocratique »* ne refléterait pas une apathie politique, comme le prouvent les nombreuses mobilisations citoyennes.

L'historien belge remet ainsi au goût du jour l'Athènes du Ve siècle avant Jésus-Christ, quand des citoyens tirés au sort exerçaient des rôles clés. Vieille idée d'Aristote : chacun est à son tour dirigé et dirigeant. *« Quand les citoyens sont considérés comme des citoyens et pas seulement comme du bétail électoral, ils se comportent en adultes et non plus comme un troupeau*, estime Van Reybrouck. À l'inverse, beaucoup de partis politiques se conduisent comme des acheteurs de votes. Ils sont des chasseurs-cueilleurs, alors qu'il faut des agriculteurs. Ils ne font plus leur travail : celui de mobiliser en instruisant. »

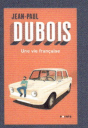

Une vie française
de Jean-Paul Dubois
Éd. de l'Olivier, 2004
Paul Blick est né à Toulouse en 1950. Fils d'une correctrice de presse et d'un concessionnaire Simca, il mène une vie de comédie française qui s'achève en tragédie grecque. Racontée de ses 8 à ses 54 ans, de 1958 à 2004, cette trajectoire est parallèle à la Ve République. Les chapitres égrènent les noms des présidents français, de Charles de Gaulle à Jacques Chirac.

Ve République, au cœur du pouvoir
de Gabriel Le Bomin
France 2, 2019
Ce documentaire retrace les 60 ans de la Ve République, du général de Gaulle aux attentats de 2015. Trois anciens présidents (Valéry Giscard d'Estaing, François Hollande et Nicolas Sarkozy) et huit ex-Premiers ministres se succèdent face caméra. Une histoire narrée par le sociétaire de la Comédie-Française Denis Podalydès.

Dernière Sommation
de David Dufresne
Éd. Grasset, 2019
Les ronds-points de France sont en jaune. L'insurrection court les rues de Paris. Étienne Dardel, enquêteur pugnace, interpelle la place Beauvau sur les dérives autoritaires à l'encontre des manifestants. Le roman d'un journaliste qui a lui-même, des mois durant, inlassablement reporté les blessures de guerre – mains arrachées, yeux crevés, joues trouées – infligées par les forces de l'ordre aux « gilets jaunes ».

La France est à refaire, Histoire d'une renaissance qui vient
de Saber Mansouri
Éd. Passés composés, 2020
Dans cet essai, l'historien s'attaque aux faillites de la République : discrimination, débat sur l'identité nationale, peur de l'autre. Et espère un avenir où tous les citoyens pourraient croire en leur pays.

POUR ALLER PLUS LOIN / **À LIRE, À VOIR**

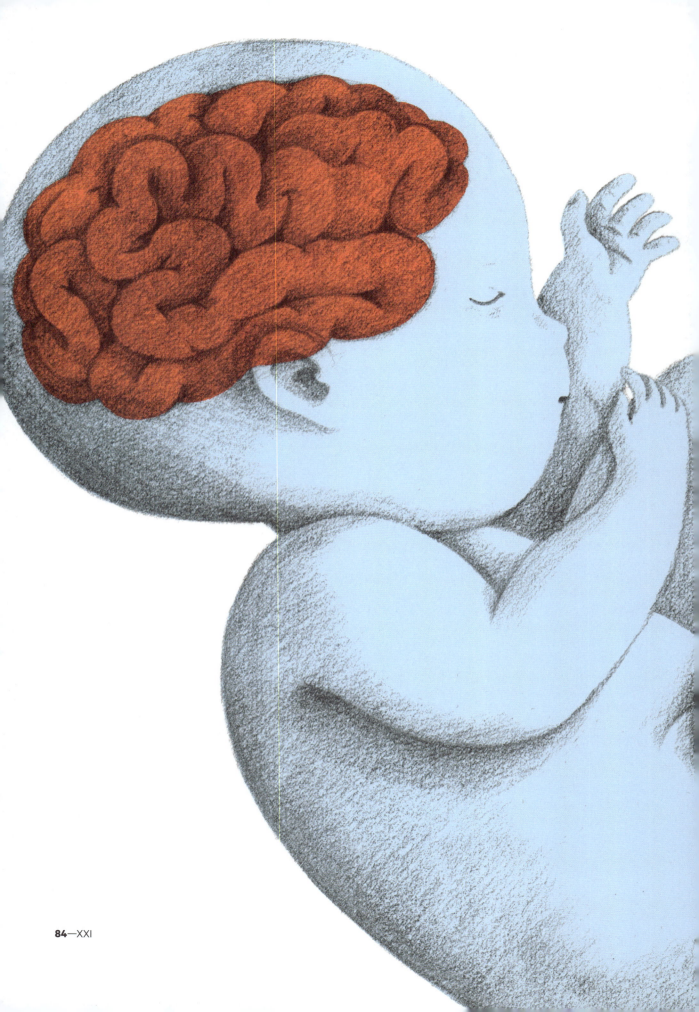

Par Sophie Tardy-Joubert
Illustrations Juliette Barbanègre

CHAQUE ANNÉE, PRÈS DE QUATRE CENTS CAS DE « BÉBÉS SECOUÉS » SONT SIGNALÉS À LA JUSTICE. ET DES PARENTS SONT DÉCLARÉS COUPABLES D'AVOIR BLESSÉ OU TUÉ LEUR ENFANT, SUR LA BASE D'EXPERTISES QUI ONT VALEUR DE PREUVE DÉFINITIVE. LE DOUTE EST POURTANT PERMIS, COMME LE MONTRE L'HISTOIRE D'ALEXANDRE, UN PÈRE AU CŒUR D'UN CHAMP DE BATAILLE MÉDICAL.

Contre-enquête sur les bébés secoués

Dans leur album de famille, une photo de septembre 2013 les montre tels qu'ils étaient à l'époque. Le père, une trentaine d'années, a une belle gueule d'acteur, la profession qu'il exerce alors. La mère, menue, visage de madone, est blottie dans ses bras. Alexandre Chacón et Yoanna Meimoun ont un fils, Eitan, né quelques jours plus tôt. Ils prennent la pose, sourire immense. Les cheveux et les chaussons de l'enfant dépassent du porte-bébé.

Ce portrait de famille idyllique se brise une nuit d'octobre. Eitan est en petite forme depuis quelques jours. Il ne fait pas encore ses nuits, ses parents dorment à côté de lui à tour de rôle. Ce soir-là, c'est au tour d'Alexandre. Au petit matin, le père et le bébé semblent aussi épuisés l'un que l'autre. « *Il a beaucoup pleuré* », dit l'homme à sa femme. Eitan est admis quelques heures plus tard aux urgences pédiatriques de l'hôpital Trousseau, à Paris, pour « *pleurs inhabituels* ».

Les médecins soupçonnent une méningite, mettent l'enfant sous antibiotiques, pratiquent une ponction lombaire – ratée, elle sera inexploitable –, puis le transfèrent à l'hôpital Necker pour y effectuer un scanner cérébral et une IRM. Les images montrent un saignement situé sous la dure-mère, une membrane qui protège le cerveau – un « hématome sous-dural », en jargon médical –, ainsi que la présence de sang au fond des yeux – des « hémorragies rétiniennes ». Des symptômes considérés comme caractéristiques du « syndrome du bébé secoué » (SBS).

Douze jours plus tard, Yoanna et Alexandre enterrent leur fils, mort à l'hôpital. Le surlendemain, ils sont en garde à vue. Ils n'ont pas dormi depuis des jours. Le policier qui les interroge séparément a entre les mains un compte-rendu médical signé par le neurochirurgien de l'hôpital Necker. Le diagnostic de « *secouement* » est, d'après lui, « *hautement probable* ».

Un jeune avocat commis d'office débarque au commissariat. Il prend place au côté d'Alexandre sous les néons blafards. « *Je ne vous poserai cette question qu'une fois. Avez-vous, oui ou non, fait du mal à votre enfant ?* lui demande Grégoire Étrillard.

— *Non, jamais.* »

À l'officier de police, Alexandre répète qu'il n'a jamais « *secoué* » son fils. Mais le flic lui raconte l'histoire d'une basketteuse d'un mètre quatre-vingts qui aurait « *secoué* » son enfant sans le vouloir, en le sortant brusquement de son lit. Alexandre se rappelle alors avoir lui aussi sorti Eitan « *très vivement* » de son berceau : « *Il hurlait comme un bébé qui a faim. Je l'ai pris avec rapidité, j'ai vu sa tête ballotter.* » Il reconnaît le geste d'un « *gars fatigué* », qui « *a déconné* ». La garde à vue se termine sur une interrogation à voix haute. « *Si un geste peut être assimilé à ça et qu'il a provoqué ces conséquences... Vous vous rendez compte, c'est horrible si j'ai tué mon enfant.* »

Alexandre est le dernier à avoir été seul avec le bébé avant son admission à l'hôpital. À l'issue de la garde à vue, Yoanna est donc disculpée. Le jeune père est mis en examen pour violences volontaires par ascendant ayant entraîné la mort sans intention de la donner sur mineur de 15 ans. Il risque jusqu'à trente ans de prison.

Je rencontre Alexandre presque huit ans plus tard. À quoi ressemble un père accusé d'avoir tué son enfant ? À monsieur Tout-le-monde, me dis-je en poussant une porte encombrée de trottinettes et de vélos premier âge. Après la mort d'Eitan, Alexandre et Yoanna ont eu deux petites filles, aujourd'hui âgées de 6 et 2 ans. Leur appartement ressemble au mien, avec ses dessins de maternelle en bataille et ses photos d'enfants souriants. Il me regarde à peine. Son mètre quatre-vingts plié sur l'ordinateur,

À quoi ressemble un père accusé d'avoir tué son enfant ? À monsieur Tout-le-monde, me dis-je en entrant chez Alexandre.

il fait défiler des dizaines d'articles consacrés au syndrome du bébé secoué. Alexandre veut me montrer que ce diagnostic fait l'objet d'une rude controverse. Sa vie, m'explique-t-il, se trouve au milieu d'un champ de bataille médical.

Comme beaucoup de parents, j'ai entendu parler du syndrome du bébé secoué. Je sais que les adultes doivent se méfier d'eux-mêmes. Poussés à bout par des pleurs incessants, ils peuvent en venir à attraper leur bébé sous les aisselles et à le secouer violemment, faisant aller sa tête d'avant en arrière. Ce geste peut blesser, handicaper ou tuer l'enfant. Il laisserait trois types de traces : du sang dans le cerveau et/ou derrière les yeux, et des lésions dans le cerveau. Lorsqu'ils repèrent cette « triade », les médecins évoquent le diagnostic de bébé secoué avec plus ou moins de certitude, selon que l'enfant présente un seul ou plusieurs de ces symptômes.

En France, près de quatre cents cas de bébés secoués sont signalés à la justice chaque année. Une enquête est alors ouverte. Il s'agit, m'explique Guy Bertrand, commandant de la brigade des mineurs de Paris, d'identifier l'auteur du geste : « *À partir du moment où je lis certaines choses sur le certificat médical, les parents peuvent me raconter ce qu'ils veulent, je sais que j'ai affaire à un bébé secoué.* »

Le syndrome du bébé secoué existe dans la littérature médicale depuis les années 1960. À l'époque, plusieurs médecins anglo-saxons s'intéressent au fonctionnement du cerveau. En 1968, un neurochirurgien américain, Ayub Ommaya, cherche à identifier les lésions cérébrales provoquées par des accidents de voiture. Il place des chimpanzés anesthésiés sur des chaises roulantes, qu'il percute violemment à l'arrière pour simuler

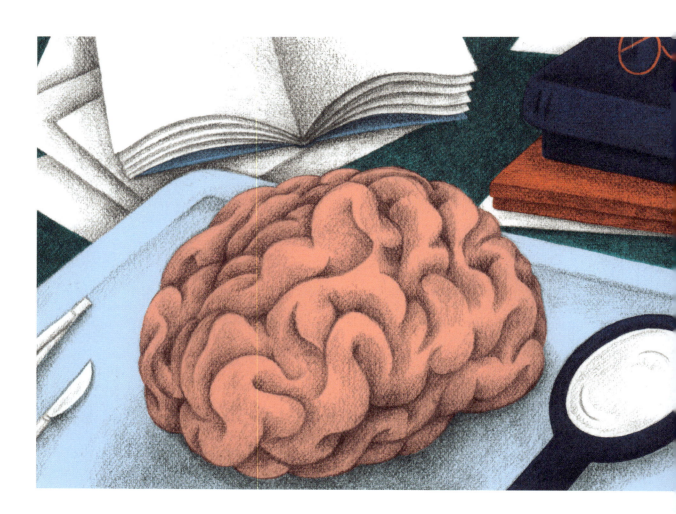

une collision. La tête des singes, laissée libre, bascule d'avant en arrière : un mouvement qualifié de *whiplash* (coup de fouet). Les animaux présentent ensuite des hématomes sous-duraux. Ces études, financées par l'industrie automobile, avaient pour but d'améliorer la sécurité routière. Elles sont lues avec intérêt par des médecins qui cherchent à comprendre pourquoi certains enfants souffrent de saignements intracrâniens.

Parmi eux, Norman Guthkelch, chirurgien pédiatrique dans le nord de l'Angleterre. Ces saignements sous-duraux l'intriguent, car ils peuvent survenir sans prévenir chez des enfants a priori en bonne santé, sans pathologie ni trace apparente de sévices. Lors de consultations, il observe que certains parents manipulent leur bébé avec brutalité. Des travailleurs sociaux lui expliquent que secouer les enfants pour les faire taire est une pratique courante dans la région.

En 1971, Norman Guthkelch imagine que le mouvement d'avant en arrière de la tête peut à lui seul être responsable des hémorragies cérébrales. Pour avoir formulé cette hypothèse, il est présenté comme le « père du syndrome du bébé secoué ». À la fin de sa vie, tout comme Ayub Ommaya, il fera pourtant partie des rares médecins à défendre les parents mis en cause, et dira que sa pensée a été dévoyée.

Au début des années 1970, le radiologue américain John Caffey s'intéresse à son tour au mouvement du *whiplash*. Il craint une « *épidémie de secouement* » et veut alerter sur ses dangers potentiels. D'après lui, les symptômes du SBS peuvent être induits par un secouement violent, mais aussi par des faits plus anodins, comme une quinte de toux ou une tape dans le dos. La doctrine a depuis évolué. On enseigne désormais en France que le lien entre ce mouvement de coup

de fouet et les symptômes du SBS est certain. Et le geste qui le provoque, nécessairement violent.

En France, le docteur Anne Laurent-Vannier, une petite dame menue aux cheveux gris, court les plateaux télé et les palais de justice pour alerter sur les dangers du secouement. Experte judiciaire près la Cour de cassation, elle intervient dans les procès de bébés secoués, et comptabilise deux cents expertises sur le sujet. Même quand elle n'est pas désignée, il lui arrive de se faufiler sur les bancs du public d'une cour d'assises. À 70 ans, c'est toujours le sujet de sa vie.

Je tente de la joindre à plusieurs reprises. Elle finit par me répondre. Elle veut bien parler de prévention, mais ne souhaite pas participer à une controverse sur le syndrome du bébé secoué. Selon elle, le débat médical n'existe que dans

On enseigne en France que le lien entre le mouvement d'avant en arrière de la tête et les symptômes du bébé secoué est certain.

la tête des journalistes qui «*cherchent à faire du buzz*»: «*Il y a un consensus scientifique extrêmement solide, tout le monde est d'accord, sauf une poignée de médecins*», m'assure-t-elle au téléphone.

En septembre 2021, Anne Laurent-Vannier m'ouvre la porte de chez elle, un appartement haussmannien rempli de lumière et des jouets de ses petits-enfants. «*Tout le monde est susceptible d'avoir parfois envie de secouer un enfant. Il est même anormal de ne jamais en avoir envie*, m'explique-t-elle, en m'offrant un café. *Mais c'est un geste très violent. N'importe qui ne passe pas à l'acte.*» Cette experte a dédié sa carrière aux enfants. Elle en a déjà deux quand, dans les années 1980, elle devient cheffe du service de rééducation pédiatrique des hôpitaux de Saint-Maurice (Val-de-Marne). Pendant trente ans, elle prend en charge des enfants atteints de troubles neurologiques graves, qui «*allaient bien jusqu'à ce qu'il leur arrive quelque chose: une crise d'épilepsie, un accident vasculaire cérébral ou un secouement*». Pour ces petits patients, les gestes du quotidien deviennent une odyssée. Anne Laurent-Vannier leur apprend à tenir une cuillère, à se déplacer en fauteuil roulant. «*Nous, les rééducateurs, nous devons faire avec les séquelles. Et c'est une prise en charge extrêmement dure.*»

Les hôpitaux de Saint-Maurice et Necker travaillent main dans la main. «*Je voyais mes confrères en difficulté. Il n'y avait pas de critères diagnostiques pour le bébé secoué. Ils se retrouvaient face à des gens qui disaient n'avoir rien fait. Ils vivaient le signalement comme un acte de délation, alors que c'est un acte de protection.*» À partir des années 1990, les IRM et les scanners permettent de mieux voir les saignements cérébraux. Au milieu des années 2000, Anne Laurent-Vannier contacte la Haute Autorité de santé (HAS). «*Il fallait donner une ligne de bonne conduite concernant le syndrome du bébé secoué.*»

L'experte prend la tête d'un groupe de travail composé d'une vingtaine de personnes: médecins légistes, radiologues, magistrats. Sous l'égide de la HAS, ils publient des recommandations en 2011. Le document indique qu'en cas d'hématome sous-dural et d'hémorragie rétinienne le diagnostic de SBS est hautement probable. En présence des seuls hématomes sous-duraux, il est possible. Les symptômes sont censés apparaître très vite après le secouement et les médecins estiment que ceux-ci sont répétés dans plus de la moitié des cas. «*Le signalement au procureur de la République est le seul moyen de déclencher une double procédure: civile en vue de protéger l'enfant sans délai, pénale s'agissant d'une infraction.*»

«Avoir parfois envie de secouer un enfant est normal, concède Anne Laurent-Vannier. Mais c'est un geste très violent. N'importe qui ne passe pas à l'acte.»

Fin 2013, quelques semaines après la mort d'Eitan, Alexandre survit plus qu'il ne vit. Jour et nuit, il épluche le dossier médical, se perd dans des recherches sur Internet. Le compte-rendu de l'autopsie de son fils, réalisée par Caroline Rambaud, une légiste membre du groupe de travail de la HAS, est devenu son livre de chevet. Le document révèle, outre l'hématome sous-dural et les hémorragies rétiniennes, la rupture de plusieurs veines ponts et la fracture de la onzième côte droite, «*contemporaine au secouement*». Au côté d'Alexandre, sa femme Yoanna fait le grand huit émotionnel. Un jour, elle veut un autre enfant. Le lendemain, elle tente de se suicider. «*Les médecins et les flics étaient catégoriques, mais je n'ai jamais pu croire qu'Alexandre ait fait du mal à Eitan*», me dit-elle.

Presque deux ans se passent avant que l'expertise médicale tombe, en mai 2015. Elle est signée de Caroline Rey-Salmon, médecin légiste, directrice de la section mineurs de l'unité médico-judiciaire de Paris, et de Catherine Adamsbaum, cheffe du service de radiologie pédiatrique de l'hôpital Bicêtre. Deux femmes qui font autorité dans leur domaine, membres du groupe de travail de la HAS. Elles se disent « *très en faveur* » du syndrome du bébé secoué. « *Aucune autre cause ne permet d'expliquer les lésions mises en évidence à l'imagerie et au fond d'œil*, écrivent-elles. *Nous retenons, dans le cas d'Eitan, un épisode unique de secouements violents, dans la nuit du 19 au 20 octobre 2013.* »

Un jeune avocat trouve la grande cause à laquelle dédier sa vie

Quelles que que soient les circonstances dans lesquelles on le rencontre, Grégoire Étrillard, 39 ans, porte un costume trois-pièces ou des habits aux couleurs chatoyantes. Parfois, il débarque en garde à vue coiffé d'un chapeau haut-de-forme. Malgré ce look exubérant, cet avocat porte bien son prénom. Il a la raie sur le côté et le CV impeccable des garçons de bonne famille. Après des études à HEC et à l'université américaine de Columbia, il intègre les barreaux de New York et de Paris, entame une carrière dans le très lucratif droit des affaires. Mais Me Étrillard est un fervent catholique, à la recherche d'une grande cause à laquelle dédier sa vie. En 2011, il tente le concours de la Conférence du stage, institution d'excellence distinguant les meilleurs orateurs du barreau de Paris. Il arrive premier. Le monde du pénal lui ouvre ses portes. Il passe des moquettes épaisses des grandes entreprises au monde interlope des commissariats et des prisons. L'expérience le « *transcende* ». « *Nous sommes là pour laver les pieds de nos clients. On met tout ce que l'on est au service de l'autre.* »

Grégoire Étrillard apprend à connaître Alexandre, un client aussi attachant qu'épuisant. Malgré les assurances qu'il lui a données lors de leur entretien au commissariat, l'avocat pense dans les premiers temps que son client ne lui dit pas tout. Peut-être se cache-t-il la vérité à lui-même, tant les faits reprochés sont effrayants. « *J'étais au début de ma carrière de pénaliste. Une expertise me présentait un diagnostic certain. Alexandre était abominablement meurtri. Il me touchait. Pour moi, si c'était avéré, ça ne pouvait être qu'un accident.* » Régulièrement, son client lui envoie de nouveaux articles. Des milliers de pages de jargon scientifique, en français et en anglais. « *Je ne pouvais pas recevoir ce mec qui avait perdu son enfant sans lire ce qu'il m'envoyait. J'ai mis le temps, mais j'ai tout lu. Ma conscience professionnelle m'a sauvé.* »

Alexandre tombe un jour sur le nom de Waney Squier, une neuropathologiste pédiatrique. La Britannique exerce une discipline rare, à la frontière de la médecine et de la recherche fondamentale. En poste à l'hôpital d'Oxford, elle a découpé plus de trois mille cerveaux d'enfants pour en observer les tissus au microscope. Cela en fait l'une des meilleures connaisseuses du cerveau du jeune enfant. C'est aussi une scientifique controversée, quasiment devenue une paria quand elle a remis en question le syndrome du bébé secoué, en 2001. Aujourd'hui retraitée, elle vit en Cornouailles, dans le sud-ouest de l'Angleterre. Nous échangeons par visioconférence. « *J'ai été radiée de l'Ordre des médecins*, me raconte-t-elle sans colère. *J'ai subi un procès de six mois avant d'être réhabilitée. Cette affaire m'a pris toute mon énergie. Pendant les dix dernières années de ma carrière, je n'ai presque plus rien publié.* »

> « Nous sommes là pour laver les pieds de nos clients, image Grégoire Étrillard. On met tout ce que l'on est au service de l'autre. »

« Je ne connais que trop bien ces histoires. Sachez qu'à partir de maintenant vous n'êtes plus seul », écrit Waney Squier à Alexandre.

Une nuit de détresse, Alexandre écrit cinq pages à Waney Squier. Il lui demande d'étudier le cas de son fils. « *J'ai tout de suite pensé que j'avais affaire à quelqu'un de sincère. La première chose qui m'a marquée, c'est que cet enfant allait mal depuis des jours. Il peinait à se nourrir, à respirer. Cela ne collait pas avec la thèse d'un effondrement soudain dû à un secouement* », m'explique-t-elle. Le lendemain, Alexandre reçoit cette réponse : « *Je ne connais que trop bien ces histoires. Sachez qu'à partir de maintenant vous n'êtes plus seul.* »

Dans la presse, le nom de Waney Squier est associé à celui de Lorraine Harris, une jeune femme condamnée à trois ans de prison pour avoir secoué, et tué, son enfant. L'affaire rappelle que le docteur Squier a, au début de sa carrière, fermement cru au syndrome du bébé secoué. Désignée comme experte lors du premier procès de la jeune femme, en 2000 à Nottingham

(Angleterre), elle avait épousé la thèse de l'accusation, et conclu que l'enfant avait succombé à un secouement. « *Vous ne pouvez pas faire des recherches sur tous les sujets sur lesquels on vous demande d'intervenir. Parfois, vous répétez sans vous poser de questions ce qui est écrit dans les manuels.* »

Un changement d'avis salvateur

Quelques mois plus tard, alors que Lorraine Harris dort en prison, Waney Squier tombe sur une publication d'une consœur neuropathologiste, Jennian Geddes. Cette dernière, après avoir examiné cinquante bébés, estime que les lésions communément attribuées au secouement pourraient être dues à un manque d'oxygène dans le cerveau. « *J'ai décidé d'examiner de plus près le syndrome du bébé secoué. Et j'ai réalisé qu'elle avait raison. L'hypothèse selon laquelle ces saignements sont causés par un traumatisme est fausse.* »

Waney Squier exprime publiquement ses doutes. Ses déclarations n'échappent pas à l'avocate de Lorraine Harris. Lorsque la jeune mère est jugée en appel, le docteur Squier est du côté de la défense. Elle explique à la cour avoir changé d'avis. En 2005, Lorraine Harris est acquittée. Mais elle n'a pas pu assister à l'enterrement de son fils, son mari l'a quittée et l'enfant qui lui restait a été placé. « *Sa vie a été dévastée. Comment voulez-vous que l'establishment médical reconnaisse ses erreurs ? Si un jour le SBS est discrédité, des milliers de personnes devront être rejugées. 250 personnes sont condamnées chaque année en Angleterre, 1 500 aux États-Unis. Si on remonte aux années 1970, combien de personnes ont été emprisonnées ou ont vu leur enfant placé pour rien ?* » Le nombre de condamnations en France est impossible à établir, la justice ne distinguant pas les cas de SBS des autres affaires de violences familiales.

Est-ce pour ne pas avoir pu préserver Lorraine Harris que Waney Squier prend fait et cause pour Alexandre ? « *Je ne crois pas qu'en secouant un bébé vous puissiez produire des hématomes sous-duraux, des hémorragies rétiniennes et des lésions cérébrales, sans qu'il y ait aucune trace extérieure visible*, dit la chercheuse britannique. *Il devrait au moins y avoir des lésions de la nuque ou de la moelle épinière.* » En regardant les images du cerveau d'Eitan, Waney Squier trouve une autre explication. D'après elle, le bébé serait mort d'une thrombophlébite. Un caillot de sang dans son cerveau aurait provoqué les saignements sous-duraux.

Alexandre garde dans un coin de sa tête l'histoire de la basketteuse que lui a racontée le policier pendant la garde à vue. Un jour, il interroge Waney Squier : « *Crois-tu que j'aie pu tuer mon fils sans le vouloir en le sortant trop vite du lit ?*

— *Non, je ne le crois pas. Et je trouve injuste que tu te poses cette question.* »

En 2016, Grégoire Étrillard demande une contre-expertise. Le juge d'instruction mandate trois nouveaux médecins. Ils doivent notamment répondre à la question suivante : « *Peut-on, dans le cas d'Eitan, exclure le diagnostic d'une maladie préexistante, notamment d'une thrombose veineuse ?* » L'un de ces experts, Jean-Claude Mselati, est un homme un peu raide, qui porte une cravate fermement nouée sous sa blouse blanche. Contrairement à Waney Squier, il croit au syndrome du bébé secoué. Mais il conteste la position de la Haute Autorité de santé, « *qui ne permet aucune nuance* ».

Aujourd'hui pédiatre à l'hôpital d'Orsay, dans l'Essonne, il a commencé sa carrière comme chef du service de réanimation pédiatrique à l'hôpital Necker. « *Les traumatismes graves de toute l'Île-de-France nous arrivaient. Je vois des hématomes sous-duraux chez des nourrissons depuis toujours. À l'époque, on essayait de comprendre.* » D'après lui, des enfants fragiles ou porteurs de certaines maladies peuvent saigner sans avoir été secoués. C'est le cas, dit-il, des enfants hydrocéphales : leur tête, en grossissant plus vite que la moyenne, étire les veines, qui peuvent se rompre et provoquer un écoulement de sang. Quant aux hémorragies rétiniennes, elles ne sont que le prolongement de l'hématome sous-dural et n'ont pour lui rien de surprenant.

Un fol espoir suivi d'une dépression

Dans 80 % de ses expertises, Jean-Claude Mselati estime qu'il y a des explications alternatives au secouement. « *Parfois, je suis déjugé par les magistrats. D'autres fois, ils sont ravis que je puisse les aider.* » Il dit faire ces expertises « *pour rendre service* », parce que « *ne pas prendre position serait manquer de courage* ». Proche de la retraite, l'expert revendique « *quelques heures de vol* » et une liberté de ton que ses jeunes confrères ne peuvent pas se permettre. Il assure qu'au nom de la protection de l'enfance le système « *fracasse des familles* ». « *Des enfants retirés à tort à leurs parents, j'en ai vu beaucoup* », m'assure Jean-Claude Mselati.

On imagine les espoirs qu'Alexandre et son avocat placent dans sa contre-expertise. En juin 2016, celle-ci arrive sur le bureau de Grégoire Étrillard. Elle confirme sans réserve le diagnostic de secouement, au motif qu'aucune autre cause n'est retrouvée dans le dossier médical.

Alexandre sombre dans une profonde dépression.

Waney Squier, la neuropathologiste britannique, est devenue l'amie d'Alexandre. Elle vient d'être contactée par un autre père, Cyrille Rossant, chercheur en neurosciences, employé par l'International Brain Laboratory de Londres. Un homme discret, aux mains de pianiste, qui s'exprime d'une voix fluette. Tout semble l'opposer à Alexandre, sauf que lui aussi a un fils, David, qui a été diagnostiqué « bébé secoué ». Diplômé de Normale sup en mathématiques, Cyrille avance dans la vie avec la prudence des scientifiques, plus enclin à douter qu'à conclure. Si quelqu'un lui avait dit qu'un jour il remettrait en cause la Haute Autorité de santé, il aurait sans doute été le dernier à y croire. *« Pour moi un médecin a fait dix ans d'études, il ne peut pas se tromper. »*

Un père accusé puis disculpé décide de se mobiliser

Au printemps 2016, son fils de 5 mois, un enfant jusque-là facile, se met à vomir régulièrement. Trois pédiatres concluent à des épisodes de gastro-entérite. La mère de Cyrille, médecin généraliste, s'aperçoit sur des photos que son petit-fils a une grosse tête. *« Elle ne nous a rien dit, mais craignait qu'il ait un problème neurologique. »*

À Pâques, Cyrille et sa famille sont à Nice, chez l'attentive grand-mère. Elle insiste pour emmener le petit David à l'hôpital, convainc ses confrères des urgences pédiatriques de lui faire passer des examens complémentaires. Le scanner cérébral montre des hématomes sous-duraux. *« On nous parle alors d'un syndrome du bébé secoué. On nous explique qu'il faut faire un fond de l'œil pour confirmer ou infirmer le diagnostic. »* L'enfant a bien du sang au fond des yeux. Selon les recommandations de la Haute Autorité de santé, il coche toutes les cases du SBS.

Quelques jours plus tard, les jeunes parents sont face aux employés de l'Aide sociale à l'enfance. Ils ne pleurent pas et cela déconcerte les travailleurs sociaux. *« On est pudiques dans la famille »*, justifie Cyrille, la voix tremblotante. Son fils est placé trois semaines.

Cyrille et sa femme seront mis hors de cause par l'expertise de Caroline Rey-Salmon, membre du groupe de travail de la HAS. Celle-ci date le secouement à un moment où l'enfant était gardé par sa nounou, une professionnelle de vingt ans d'expérience, considérée comme irréprochable par tous ses anciens employeurs. Mise en examen, celle-ci tente de se dédouaner en chargeant Cyrille et sa femme. Pour tous, le cauchemar s'arrête le jour où Jean-Claude Mselati, dans une contre-expertise, conclut à un *« auto-secouement »* de l'enfant. *« Il penchait pour une hydrocéphalie. Il nous a dit qu'il n'y avait peut-être rien eu, ou alors quelque chose de très léger. »*

Cet avis médical laisse Cyrille sur sa faim. Pendant ces quelques mois, il a rencontré d'autres familles dans la même situation que la sienne. *« Je me disais que s'il y avait une erreur, elle était répétée dans tous les services. »* Le chercheur plonge dans

> **« J'ai toujours cru que la vérité était du côté du consensus scientifique,** dit Cyrille Rossant. **Là, les marginaux me semblaient avoir raison. »**

la littérature médicale. Il privilégie d'abord les sources officielles, tombe un jour sur le nom de Waney Squier. *« J'imaginais une antivax, une complotiste. Je me suis d'abord interdit de lire ses articles. »* Lorsqu'il se décide à la rencontrer, il se retrouve face à une femme élégante au parfait phrasé

En 2017, un rapport suédois remet en question le syndrome du bébé secoué. La même année, la France fait le chemin inverse.

britannique, se surprend à trouver son discours sensé. « *J'ai toujours cru que la vérité était du côté du consensus scientifique. Pour la première fois de ma vie, les marginaux me semblaient avoir raison.* »

Cyrille rencontre Alexandre autour d'une bière en juin 2017. « *Il parlait tout le temps. Il pleurait aussi. Je n'avais jamais vu quelqu'un dans une telle désespérance.* » L'histoire d'Alexandre est la pire qu'il ait entendue. « *La triade, la côte fracturée, cela faisait quand même beaucoup. Je me suis demandé s'il était vraiment innocent. Lui-même avait des doutes sur sa propre culpabilité à cause de cette histoire de sortie du lit.* »

Cyrille dit qu'il a de la chance. Son fils n'a été placé « que » trois semaines. Il n'a eu aucune séquelle et a aujourd'hui un petit frère. Mais quand sa femme est tombée enceinte de leur deuxième enfant, Cyrille, le matheux au sang froid, a sérieusement envisagé d'installer

une caméra qui filmerait la chambre du bébé jour et nuit. Je lui demande comment il tient, au milieu de toutes ces familles brisées. Il se tait, me montre des photos sur son téléphone. Ses enfants, petits blonds à la coupe au bol, rient sur un toboggan. Je regarde l'écran, puis leur père qui les regarde. Il pleure.

Quelques mois après leur rencontre, Alexandre présente Cyrille à son avocat, Grégoire Étrillard. Ils sont désormais trois à faire front. Cyrille fonde avec d'autres parents et nounous l'association Adikia, «injustice» en grec. Elle réunit aujourd'hui quatre cents familles.

En Suède, la SBU, équivalent de la Haute Autorité de santé française, publie en cette année 2017 un rapport déconcertant. Pendant dix-huit mois, six chercheurs ont passé en revue la littérature scientifique, plus de trois mille articles, pour arriver à cette conclusion: le syndrome du bébé secoué ne repose sur aucune preuve scientifique. «*Ces articles prennent pour acquis que le secouement provoque des hématomes sous-duraux, des hémorragies rétiniennes et un œdème cérébral. Mais le lien entre le secouement et les symptômes n'a jamais été mis en évidence*», m'explique l'un des auteurs, le professeur de médecine légale Anders Eriksson. Il en est le premier surpris. «*Personne ne s'attendait à cela, et nous non plus*, me confie-t-il. *Tous les médecins de ma génération ont appris qu'un enfant qui présente des hématomes sous-duraux, des lésions cérébrales et des hémorragies rétiniennes a été secoué.*»

À Paris, le rapport de la SBU met le docteur Anne Laurent-Vannier en colère. «*Bien sûr, on ne peut pas prendre des enfants que l'on secoue en faisant varier l'intensité et la fréquence, et comparer leur cerveau avec celui d'une population de contrôle. » Cela ne doit pas empêcher, m'explique-t-elle, de « raisonner avec la maltraitance comme avec n'importe quelle maladie. Quand vous avez certains signes, vous pouvez dire que vous avez la rougeole ou la coqueluche. Eh bien, quand vous voyez un enfant avec une rupture de veines ponts, du sang partout en nappes dans le cerveau et des hémorragies rétiniennes, vous pouvez être certain que l'enfant a été secoué ».

En France, les positions se durcissent

L'année où la Suède remet en question le syndrome du bébé secoué, la France fait le chemin inverse. La Haute Autorité de santé actualise ses recommandations. De « *probable* » en 2011, le diagnostic en cas d'hématomes sous-duraux et d'hémorragies rétiniennes devient « *certain* » en 2017. Dans ce document officiel de la HAS, les médecins défendant d'autres thèses sont, à quatre reprises, qualifiés de « *négationnistes* ». Cette nouvelle mouture est signée par l'ensemble des sociétés savantes de médecine, à l'exception notable de la Société française de neurologie pédiatrique (SFNP), pourtant spécialiste du cerveau des enfants. Le débat a été houleux.

Jean-Michel Pédespan, chef du service de neuropédiatrie au CHU de Bordeaux, était chargé de relire ce document au nom de la SFNP. Déjà peu satisfait du texte de 2011, il s'alarme du ton « *encore plus péremptoire* » des nouvelles recommandations. « *Le texte pose comme une équation : hématome sous-dural + hémorragie rétinienne = bébé secoué. Or il y a des facteurs prédisposants, dont il faut tenir compte. Une imagerie, aussi moderne soit-elle, ne vous donnera pas de certitudes.* » Ce texte, « *dangereux* » en soi, provoque d'après lui des réactions épidermiques qui le sont presque autant. « *Il ne faut pas non plus, sous prétexte de dénoncer ce texte trop catégorique, tomber dans un discours inverse, laissant entendre que les bébés secoués n'existent pas*, m'explique-t-il. *On en voit et il faut alors que des décisions soient prises en urgence. Cela doit être fait par des neuropédiatres, qui connaissent le mieux le cerveau des enfants.* » Jean-Michel Pédespan estime que le débat a été confisqué par les radiologues et les médecins légistes, surreprésentés dans le groupe de travail de la HAS. Au vu des recommandations de 2017, il n'a manifestement pas été écouté.

Au printemps 2017, Grégoire Étrillard demande à la juge d'instruction d'entendre le professeur suédois Anders Eriksson, Waney Squier et une poignée d'autres chercheurs étrangers. Estimant que « *les thèses retenues par la défense sont minoritaires* », la magistrate refuse. Hors procédure pénale, Cyrille et l'avocat demandent au professeur Christian Marescaux, ancien chef de l'unité neurovasculaire du CHU de Strasbourg, de se pencher sur le dossier médical d'Eitan. Ce médecin à la retraite l'éplucher à la loupe, bénévolement. Il s'arrête sur une note manuscrite au bas d'une analyse sanguine du bébé. Le prélèvement, effectué peu après l'hospitalisation à Trousseau, montre un taux de procalcitonine trente fois supérieur à la moyenne. Or le taux de cette hormone flambe en cas d'infection. Le professeur y voit la preuve que le bébé est arrivé à l'hôpital avec une infection grave.

> « J'aimais mon enfant et je ne comprends toujours pas pourquoi je suis là », déclare Alexandre devant la cour d'assises de Paris.

Le professeur Marescaux sollicite Bernard Échenne, un neuropédiatre réputé, aujourd'hui à la retraite. Celui-ci met un troisième médecin dans la boucle : le professeur québécois Guillaume Sébire, un des seuls spécialistes au monde des pathologies vasculaires du nourrisson, à l'hôpital des enfants de Montréal. Les trois professeurs tombent d'accord. Pour eux, Eitan n'est pas mort du syndrome du bébé secoué, mais d'une thrombophlébite cérébrale, causée par une méningite bactérienne. Celle-ci aurait provoqué la formation d'un caillot dans un sinus – une veine du cerveau –, causant les saignements intracrâniens. « *Il est ahurissant qu'on poursuive cette famille !!!* », écrit Bernard Échenne à l'avocat Grégoire Étrillard.

« Il ne s'agit pas d'un SBS, je veux éviter une erreur judiciaire », dit un spécialiste. C'est « un cas d'école de bébé secoué », rétorque une experte.

En octobre 2019, six ans après les faits, Alexandre comparaît enfin devant la cour d'assises de Paris. Pour Philippe Courroye, l'avocat général, Alexandre est un acteur « *sans gloire ni réussite* » qui s'est vengé de ses échecs sur son fils d'un mois et demi. « *J'aimais mon enfant et je ne comprends toujours pas pourquoi je suis là* », déclare Alexandre à la barre.

L'avocat général pointe qu'un jour il a mal remis la jambe de son fils dans le porte-bébé. Un autre, il lui a donné une tape un peu forte pour qu'il fasse son rot. Le pédiatre, lui, assure que c'était un père attentif, présent à chaque rendez-vous. Ses beaux-parents précisent que c'est à lui que ses filles veulent parler quand elles ont un chagrin.

La salle d'audience prend rapidement des airs de bataille rangée. D'un côté, les spécialistes ayant rendu la première expertise de SBS, accompagnées du docteur Anne Laurent-Vannier, venue de sa propre initiative. De l'autre, une poignée de proches d'Alexandre, ainsi que les professeurs Sébire et Marescaux. Cités comme témoins par la défense, ils sont venus torpiller les thèses médicales de l'accusation. « *Je témoigne parce que j'ai l'intime conviction qu'il ne s'agit pas d'un SBS et je veux éviter une erreur judiciaire* », avance Guillaume Sébire, tout juste arrivé de Montréal. Au premier rang, Cyrille prend tout en notes.

Les expertes maintiennent leur position. C'est « *un cas d'école de bébé secoué* », selon la radiologue Catherine Adamsbaum. À la barre, le contre-expert Jean-Claude Mselati nuance sa position. Il se dit perturbé par le taux élevé de procalcitonine, signe d'infection qu'il n'avait pas vu, et estime que le débat médical aurait dû avoir lieu avant.

Il est longuement question de la onzième côte, censée avoir été cassée. La légiste Caroline Rambaud, membre du groupe de travail de la HAS, admet, embêtée, qu'elle a détruit le prélèvement sans l'avoir analysé. Une destruction de preuve doublée d'une faute morale, s'indigne la défense. La disparition du prélèvement empêche toute nouvelle analyse. Les médecins cités par la défense estiment que la côte a pu être cassée dans l'urgence des manipulations, en réanimation. L'avocat général éructe contre ces « *témoins déguisés en experts* » : « *Cela ne se fait pas. C'est la première fois que je vois ça !* »

Le 4 octobre 2019, Alexandre est acquitté. L'avocat général Philippe Courroye avait requis sept ans de réclusion. Il écrit à son supérieur hiérarchique pour se plaindre des conditions du procès. Il joint à sa lettre deux courriers. Dans le premier, les expertes judiciaires membres du groupe de travail de la HAS s'insurgent d'avoir été mises en débat contradictoire avec la défense. Dans le second, Anne Laurent-Vannier, pourtant ni experte ni témoin dans ce procès, s'émeut que « *le diagnostic de bébé secoué n'ait pas été retenu* », alors « *qu'en France un enfant meurt tous les cinq jours sous les coups de ses parents* ». Le ministère public fait appel.

Bernard Échenne n'a pas la réputation d'un homme commode. On le dit bourru et tempétueux. Son CV donne le tournis. Agrégé de maladie infectieuse et de pédiatrie, il a fondé la Société française de neurologie pédiatrique et présidé la Société européenne de neurologie pédiatrique de 2012 à 2014. Ancien chef du service de neuropédiatrie du CHU de Montpellier, il a exercé aux quatre coins du monde. Il passe sa retraite à Padern, minuscule village des Corbières, où son grand-père était boulanger. Il vient me chercher à la gare de Perpignan en 4x4, l'air un peu surpris que je le dérange dans les montagnes de son enfance. Je m'étonne de la virulence de la querelle médicale. Il rétorque : « *Vous imaginez, depuis vingt ans, combien d'innocents ils ont envoyé en prison ? Ils se serrent les coudes. Ils ne peuvent plus changer d'avis.* »

Un contradicteur taxé de négationnisme

À 78 ans, il s'est fait une spécialité de la défense des parents mis en cause dans les affaires de bébés secoués. Il intervient bénévolement, paie souvent lui-même ses billets de train pour se rendre aux procès. Chaque semaine, un nouveau dossier arrive sur son bureau, dans la véranda d'une petite maison en bazar. Il les classe à sa manière. Ceux qu'il a lus jonchent le sol, les autres s'entassent sur sa table. En tout, une bonne trentaine, de toutes les couleurs. Il ne les accepte pas tous. « *Je ne nie pas qu'il y ait des cas de maltraitance, ni que des sévices puissent provoquer des hématomes sous-duraux. Ce n'est pas pour autant que tous les hématomes sont dus à des sévices. On ne peut pas avoir cette seule hypothèse en tête.* » Ce positionnement lui vaut, de la part des médecins de la HAS, le surnom de « *chef de file des négationnistes* ».

Bernard Échenne attrape mon cahier à spirales, dessine un cerveau sur une page. Il m'explique que certains enfants ont un terrain fragile. Dans leur cas, un petit choc suffit à produire des hématomes sous-duraux. Comme d'autres neuropédiatres, il affirme avoir vu plusieurs fois des enfants hospitalisés dans son service saigner spontanément. Ses détracteurs disent qu'il fait de la médecine à la papa, ignorant les apports de l'imagerie moderne. Il balaie l'argument. « *L'image dit que ça a saigné, point. Elle ne dira jamais pourquoi ni comment ça a saigné. Qu'on puisse prétendre l'inverse me désole sur le plan intellectuel. Tant qu'on n'a pas pu reconstituer le cerveau du jeune enfant, personne n'aura de preuve. Ni la Haute Autorité de santé, ni nous. En médecine, il faut être modeste. Le principe de base, c'est qu'on ignore 99 % de ce qui se passe.* » Pour Eitan, Bernard Échenne a néanmoins des certitudes. « *C'est une méningite qui s'est compliquée d'une thrombophlébite. L'hôpital s'est trompé. Cette histoire est une monumentale erreur de diagnostic.* »

De retour des Corbières, j'appelle le docteur Jean-Claude Mselati pour évoquer les explications alternatives au syndrome du bébé secoué. Il mentionne à son tour le cas des enfants hydrocéphales. « *Là, c'est évident, même si ce n'est pas reconnu par la HAS.* » Il évoque ensuite le cas, « *beaucoup plus difficile* », des thromboses. « *Il faut être très vigilant. J'en ai vu une seule fois, dans un dossier où j'étais en plus mandaté comme expert.* » Il me déroule toute l'histoire d'Eitan. Et avoue : « *Je suis passé à côté.* »

> « En médecine, il faut être modeste, dit le professeur Bernard Échenne. Le principe de base, c'est qu'on ignore 99 % de ce qui se passe. »

Mi-novembre, le procès en appel s'ouvre à la cour d'assises de Melun, petite pièce sans fenêtres. Alexandre est de nouveau sur le banc des accusés. Il garde près de lui un sac d'affaires, au cas où il serait incarcéré à la fin de la semaine. *« Je suis obligé de le préparer à cette éventualité*, explique son avocat. *J'ai des clients, pères de famille innocents comme lui, qui ont pris quinze ans. »*

Depuis le premier procès, les lignes ont bougé. Plus personne ne nie qu'Eitan avait une thrombose. Cela n'empêche pas les expertes de la HAS de maintenir fermement leur diagnostic de secouement. Les professeurs Échenne et Sébire

> **« Si la culpabilité n'était pas retenue, la justice ne passerait plus jamais dans les affaires de bébés secoués »,** tonne l'avocat général.

répètent qu'il s'agit d'une erreur médicale, sur le point de devenir une erreur judiciaire.

David Hill, président de la cour, ne cache pas son agacement : *« Tout le monde se serait trompé, sauf vous ? Vous seriez donc meilleurs que Necker ? — Ce n'est pas une critique cinglante vis-à-vis de mes collègues. C'est une maladie rare qui touche un enfant sur cent mille »*, se défend Guillaume Sébire.

Les deux professeurs sortent de l'audience chamboulés. *« Ils veulent le condamner, c'est clair »*, estime Bernard Échenne.

Christian Marescaux, le premier à avoir détecté l'infection d'Eitan, a fait le déplacement depuis Strasbourg pour témoigner. Il restera dans la salle des Pas perdus. Juste avant qu'il ne passe à la barre, le président David Hill explique qu'un article du Code de procédure pénale permet de renvoyer l'affaire si un témoin contredit un expert. Face à cette menace de renvoi, la défense renonce à ce témoin.

Le doute médical est reconnu, mais…

Plus prudent que lors de notre échange téléphonique, Jean-Claude Mselati juge la thèse de la défense *« plausible »*. *« Ce n'est pas impossible. Je n'ai pas de certitude »*, répète-t-il. Son témoignage ébranle la cour. Dès qu'il le peut, le président David Hill ramène Alexandre à ses déclarations de garde à vue. Chaque jour sont rappelés *« le geste d'un mec qui a déconné »*, *« la tête qui a ballotté »*. Alexandre tente d'expliquer que les réponses lui ont été suggérées par l'officier de police. Il assure qu'on lui a montré les photos de l'autopsie de son fils pendant la garde à vue – ce qui n'est pas noté sur le procès-verbal. Manifestement, le président n'en croit rien. *« Le geste que vous avez décrit, ce ne sont pas les enquêteurs qui vous l'ont mis dans la bouche »*, tranche-t-il. Philippe Courroye porte à nouveau la voix de l'accusation. Il requiert cinq ans de prison, dont quatre avec sursis, une peine bien moindre que celle demandée en première instance. *« Si la culpabilité n'était pas retenue, la justice ne passerait plus jamais dans les affaires de bébés secoués. On ne pourrait plus condamner les auteurs de ces violences. Eitan vous dit une chose, et avec lui tous les bébés secoués : protégez-nous. »*

Jamais, pendant ces cinq jours de procès, la tension n'est retombée. *« On a tenté de museler la défense »*, plaide Grégoire Étrillard. Il craint que son client ne soit condamné *« pour l'exemple, pour sauver le système et les experts »*. Après cinq heures de délibéré, Alexandre est reconnu coupable. Il est condamné à cinq ans d'emprisonnement avec sursis. Une peine plutôt faible au regard des chefs d'accusation. La cour a reconnu le doute médical. Ses motivations s'appuient sur les déclarations de garde à vue. Le soir même, Alexandre m'annonce qu'il formera un pourvoi en cassation. Si son recours est accepté, il sera rejugé. Pour dire son innocence, il est prêt à risquer à nouveau la prison.

« L'expertise vise à raconter une histoire qui résiste au doute »

De 2012 à 2017, le sociologue **Romain Juston Morival** a accompagné plus d'une cinquantaine de médecins légistes en salle d'autopsie. Sa thèse, publiée en 2020, décrit les liens entre blouses blanches et robes noires.

XXI Les batailles médicales entre experts sont-elles fréquentes dans les tribunaux ?

Dans le système pénal français, l'expert est nommé par le juge. Il est considéré comme objectif et indépendant. Par conséquent, sa parole est peu remise en cause. Il y a néanmoins des exceptions, comme le montre l'affaire Adama Traoré, jeune homme de 24 ans mort d'un syndrome d'asphyxie en juillet 2016. Il avait été interpellé alors qu'il tentait de fuir un contrôle de gendarmerie, et avait subi un plaquage ventral. Selon l'expertise médico-légale, le jeune homme était décédé à cause d'une pathologie dont il était porteur. La famille avait sollicité, hors procédure, un avis médical extérieur. Des spécialistes des maladies cardiaques ont contredit les médecins légistes. Ils n'avaient pas le statut de praticiens objectifs, mais tiraient une légitimité scientifique de l'exercice quotidien de leur spécialité. Selon ces médecins, l'asphyxie était due à la pression exercée par les corps des gendarmes au cours de l'interpellation. Le juge d'instruction a pris en compte leurs avis, puisqu'il a ordonné une nouvelle expertise médico-légale. C'est un cas passionnant, mais très rare en France. Aux États-Unis, en revanche, ces batailles d'experts sont courantes. Dans ce pays de « common law », chaque partie choisit un expert. Ces derniers s'affrontent, et de leur controverse doit émerger la vérité judiciaire.

Les experts ne sont donc jamais contredits en France ?

Cela dépend de la nature de l'expertise. À l'audience, ils peuvent être cuisinés par les avocats de la défense, l'accusation ou la partie civile. Plus on s'approche de la science naturelle, moins l'expertise est remise en question, sauf par de rares contre-expertises autorisées par le juge d'instruction. Au procès, les légistes sont particulièrement peu « challengés ». Ils ont l'habitude des tribunaux, ne se laissent pas impressionner. Surtout, ils bénéficient de l'aura de la science. La preuve médico-légale est considérée comme la reine de preuves.

Comment se fabriquent ces preuves médico-légales ?

Dans les écoles de droit, on apprend qu'il existe une séparation nette entre science et droit. À mon sens, c'est une fiction. Certes, les médecins légistes,

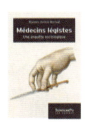

Romain Juston Morival
Médecins légistes, Une enquête sociologique
Éd. Presses de Sciences Po, 2020

ÉCLAIRAGE

Miniature représentant une scène de dissection, dans un manuscrit du médecin anatomiste italien Gui de Pavie, en 1345.

comme l'ensemble des experts judiciaires, se bornent à répondre à des questions techniques. On ne leur demande pas qui a tué, mais quels mécanismes ont entraîné la mort. Le juge ou les jurés sont libres d'intégrer ou non leurs conclusions à leur décision judiciaire. Seulement, les légistes ne font pas de la technique tout seuls dans leur coin. Il y a beaucoup de monde dans une salle d'autopsie, et notamment des officiers de police judiciaire dont la présence est déterminante.

Quelle est la nature de ces contacts entre policiers et médecins légistes ?

Ils échangent de manière informelle, parfois juste en marchant dans le couloir. Cela peut sembler anodin, mais les policiers les renseignent sur les procès-verbaux et le contexte de la découverte du corps. Cela oriente le travail de l'expert : la partie du corps par laquelle il commence son autopsie, les prélèvements qu'il fait. Sans ces éléments judiciaires, les légistes auraient beaucoup plus de mal à conclure et rendraient parfois une autopsie blanche. D'ailleurs, ils attendent généralement l'arrivée des enquêteurs pour commencer leur travail. Cela, pourtant, ne transparaît pas du tout dans le rapport d'expertise. De même que le procès ou la garde à vue, l'expertise vise à raconter une histoire qui résiste au doute. Il s'agit de coproduire, avec les enquêteurs, un récit sur ce qui s'est passé.

PROPOS RECUEILLIS PAR SOPHIE TARDY-JOUBERT

La Petite Femelle
de Philippe Jaenada
Éd. Julliard, 2015
En 1953, Pauline Dubuisson, 23 ans, est jugée pour avoir tué son amant par balle. Elle est détestée par la France entière. Philippe Jaenada réhabilite la mémoire de cette femme que personne, et surtout pas ses juges, n'a voulu écouter. En faisant des parallèles avec sa propre vie, il montre, parfois avec humour, la difficulté de se tirer d'un procès où toute une existence est relue à l'aune des faits reprochés. Une enquête précise et originale adaptée en téléfilm par Philippe Faucon (France 2, 2021).

La Fille de Brest
d'Emmanuelle Bercot
2016
À l'hôpital de Brest, la pneumologue Irène Frachon découvre avec stupeur que le Mediator, antidiabétique prescrit comme coupe-faim depuis trente ans, attaque le cœur de ses patients. Avec l'aide d'un professeur de médecine interne, elle bâtit la première étude montrant la nocivité de cette molécule. Et se heurte au mépris du laboratoire Servier et des autorités sanitaires. Très réaliste et documenté, le film d'Emmanuelle Bercot est un beau portrait de femme battante.

Chronique d'un kidnapping
de Sébastien Girard
Éd. Félès, 2021
L'auteur prend fait et cause pour une famille, dont la petite fille, prématurée et de santé fragile, a été placée après un signalement hospitalier. Une histoire vraie et terrifiante, racontée de manière didactique et avec humour.

/ À LIRE, À VOIR

Obsession béton

PHILIPPE SÉCLIER EST UN DRÔLE DE PÈLERIN. IL A SUIVI PENDANT SEPT ANS LE CHEMIN DE L'ARCHITECTE JAPONAIS TADAO ANDO, POUR PHOTOGRAPHIER LES ŒUVRES DE CE ROI DU BÉTON. AU BOUT DU VOYAGE, UN IMPRESSIONNANT ATLAS DE 2 300 IMAGES. ET UNE QUÊTE INITIATIQUE.

Propos recueillis par Michel Henry – Photos Philippe Séclier

104—XXI

Église de la Lumière, Ibaraki

« En 2012, j'entre dans l'église de la Lumière, à Ibaraki, près d'Osaka. Un rectangle de béton, une croix de lumière, un mur en diagonale. Un choc. À compter de ce jour, je n'ai qu'une idée en tête : retrouver tous les bâtiments de Tadao Ando. Une quête qui va m'occuper jusqu'en 2019. Je me rends au Japon deux fois par an, avec un planning très tendu. Six à dix jours sur place, pas plus, à cause de mon travail à Paris.

La nuit, je dors très mal, je redoute un séisme, comme lors de mon séjour en 2011, juste après la catastrophe de Fukushima. Je me lève tôt, 4 heures. Je ne suis jamais sûr de trouver les bâtiments, encore moins de pouvoir y entrer. Je prends le premier *shinkansen* [TGV], j'écoute Keith Jarrett, Alain Bashung ou Radiohead, ça me prépare mentalement. Puis un petit train et un bus. Je compte les arrêts, car je ne sais pas lire le japonais – une fois, une dame aveugle me renseigne. Je finis à pied ou en taxi, il faut alors tenter d'expliquer au chauffeur qu'il doit m'attendre une heure, au milieu de la pampa.

J'ai beaucoup lu sur Tadao Ando et son parcours hors norme : il n'a pas fait d'études, a été boxeur professionnel, il respecte beaucoup les artisans qui travaillent le bois mais n'utilise que le béton et a imposé ce matériau brut dans un pays très traditionaliste. Pour bien le découvrir, il faut toutefois oublier tout ça. Être très concentré et réceptif, voyager seul, déployer ses antennes, comme un escargot. »

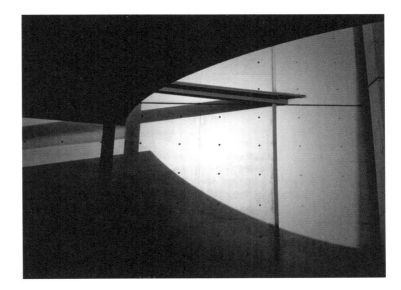

Maison Azuma, Osaka

« Naoko Kawachi, une architecte que j'avais croisée par hasard en Suisse, m'aide à trouver les maisons. Sans elle, qui m'a d'abord pris pour un fou, j'en aurais raté beaucoup. On ne connaît pas les adresses privées et elles sont difficiles à localiser. Souvent, les bâtiments semblent fermés de l'extérieur, on ne voit qu'un mur de béton. J'arrive toujours à l'improviste, sans rendez-vous, comme un visiteur lambda. Parfois, il n'y a pas de fenêtres telles qu'on les conçoit en Occident. La lumière vient d'en haut, comme à la maison Azuma, à Osaka, que j'ai longtemps cherchée. Quand je la trouve, il n'y a personne pour m'ouvrir. Je repars, puis je reviens. Dernière chance. J'attends quinze minutes, le propriétaire sort à vélo, une chance ! Arrive sa femme, avec un traducteur automatique. Elle me dit : *"Venez demain matin !"* Le lendemain, Junko et Sajiro Azuma m'offrent le thé, je prends mes photos. Je suis heureux. »

Musée d'Art de Chichû, île de Naoshima

« Dès que tu entres, la sensation est très forte, et elle repose sur presque rien : du vide, du béton, du verre… Des ombres. Selon le moment de la journée, les sensations diffèrent. Souvent, il y a une enceinte bétonnée, un long mur, cela met en condition psychologiquement pour découvrir la suite. Au musée d'Art de Chichû, à Naoshima, le cheminement progressif vers les salles d'expo conduit à un accès enfoui sous terre. La façon dont Ando se sert de la cour et de la lumière est déjà une œuvre d'art. Comme sa manière d'utiliser les *engawa*, ces espaces intermédiaires entre extérieur et intérieur, très importants dans la tradition japonaise. Son architecture procure de la magie, la rencontre avec chaque bâtiment est une expérience physique, sensitive, visuelle. Pour un photographe, c'est du pur bonheur, des moments bouleversants que je ne revivrai jamais *[il pleure]*. Incroyable d'émouvoir des gens avec des structures d'une simplicité diabolique. »

Maison Kidosaki, Tokyo

« Pour trouver la maison Kidosaki, je traîne tôt le matin. J'ai l'impression de faire une ronde de police dans ce quartier résidentiel de Tokyo. Les Japonais qui partent au travail s'interrogent : *"C'est qui ce mec ?"* Je finis par la trouver. J'explique à un voisin : *"Je suis un fan de Tadao Ando, je mène un travail sur lui, la maison Kidosaki est très importante."* Une Lexus noire sort : M. Kidosaki, le propriétaire. Il baisse la vitre : *"Laissez-moi cinq minutes, je me gare et je vous fais visiter."* Lui-même est un architecte reconnu. Il m'offre le thé. Je mets les patins. Il me dit : *"Prenez votre temps."* J'essaie de faire vite car j'ai deux ou trois bâtiments à photographier par jour. Je lui dis que je suis journaliste dans une revue automobile, il me conduit à l'étage, soulève une bâche : la Toyota troisième du Grand Prix de F1 du Japon 2006. Quel bol ! À cinq minutes près, je ne tombais pas sur lui ! »

Musée des Livres d'images pour enfants, Iwaki

« Rien ne serait arrivé si, rédacteur en chef d'*Auto Hebdo*, je n'avais pas dit, quatre mois après la catastrophe survenue à Fukushima en mars 2011 : *"Allons au Japon voir comment l'industrie automobile va repartir."* Un jeune journaliste était intéressé, mais sa mère lui a interdit le voyage. Alors, j'ai pris le vol du lundi 23 h 55 pour Tokyo, sans savoir que je l'emprunterais souvent ensuite. Je suis allé au circuit automobile de Sugo, près de Fukushima. Pour la reprise du championnat Super GT, ils avaient invité cinq mille sans-abri, une partie de la recette devait leur revenir. J'étais le seul journaliste occidental, ils m'ont remis une médaille. Leur force d'âme m'a beaucoup touché. Je n'ai vu que les deux premiers tours de la course, car je reprenais l'avion. Je l'ignorais alors, mais non loin, à Iwaki, Ando avait construit en 2004 le musée des Livres d'images pour enfants. En le visitant plus tard, face à la digue au large, je penserais aux victimes du tsunami. »

Langen Foundation, Neuss (Allemagne)
« Tadao Ando était fasciné par l'Europe et Le Corbusier, dont il voulait à tout prix voir les bâtiments. Il entreprend un voyage en France en 1965, mais arrive trois jours après sa mort… Je découvre que, passionné aussi par ce pays, il a conçu un cylindre en béton à la maison de l'Unesco à Paris, en 1994. Puis je pars pour Düsseldorf et la Langen Foundation, à Neuss, sur l'autre rive du Rhin. Un espace dédié à collection d'art japonais de Marianne Langen et à des œuvres d'art moderne. On y comprend combien Ando est attaché à l'interaction avec la nature, comment il pense son bâtiment avant tout en fonction du site environnemental. La fondation est plantée au milieu d'un marais, sur le terrain d'un ancien hangar à missiles de l'Otan. Il y a un mur en béton, un étang artificiel, puis la double peau vitrée de la fondation. Les mois passent. Je parcours l'Europe, les États-Unis, le Mexique, mon enquête se transforme en quête obsessionnelle. »

112—XXI **Obsession béton**

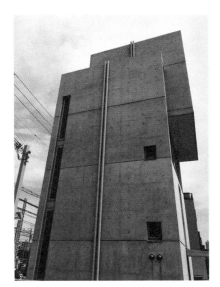

Maison 4x4, Kobe

« Je fais des photos pour moi, sans aucune idée de ce que ça donnera. J'ai toujours rêvé de devenir architecte : ado, j'esquissais des plans, mais j'ai préféré le journalisme. Mon idée est de prendre le contrepied de la photo d'archi, souvent faite à la chambre et en couleurs. Avec la chambre, c'est compliqué, je ne sais pas faire, je n'ai pas les moyens financiers. Je ne débarque pas avec un appareil en bandoulière et un trépied : je fais tout au téléphone, en noir et blanc, avec une appli japonaise pour jouer sur la lumière. Je vais assez vite, je virevolte d'une pièce à l'autre, ou autour du bâtiment, comme à la maison 4x4, à Kobe, avec ses carrés superposés, que j'ai tant vus dans les magazines. Je rêve de l'habiter pour regarder depuis l'étage le passage des cargos sur la mer de Seto. Je peux faire 600 ou 700 photos par bâtiment. D'autres fois 150. Le soir, dans ma chambre d'hôtel, j'édite, j'élague. Je dépense beaucoup d'énergie et d'argent. »

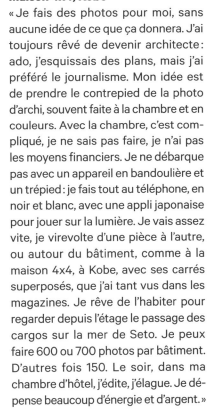

Bains japonais, Takarazuka

« Parfois, c'est l'échec. Près de Séoul, en Corée, j'arrive à l'église du Cœur, magnifique, encastrée sous terre. Impossible d'entrer : j'en suis empêché par deux types. Je repars dégoûté. Mais il faut accepter l'adversité ; c'est d'autant plus jouissif quand ça marche, comme aux bains japonais de Takarazuka : j'achète un ticket et je planque mon smartphone sous une serviette. Inutile, il n'y a personne. C'est comme si une force tellurique me poussait à réaliser ce travail. En 2015, j'en parle à Xavier Barral, éditeur et ami. Je veux faire un atlas, avec des photos toutes de mêmes dimensions, pour se démarquer des livres d'architecture. Ma référence ? L'*Atlas* de l'artiste allemand Gerhard Richter et ses 5 000 reproductions de photos, d'esquisses de son travail accumulées pendant des décennies. Je veux mettre plus de cent bâtiments, pour montrer la récurrence des formes. Xavier Barral me sort une maquette qui permet la fragmentation de l'œuvre et présente son côté systémique. Il est excité, moi aussi. »

Château La Coste, au Puy-Sainte-Réparade (France)

« Je n'ai jamais rien calculé, mes projets me sont tombés dessus. La vie n'est faite que de *"rivières souterraines qui se croisent et se décroisent"*, comme l'a écrit Pierre Barouh. J'y pense en visitant le château La Coste, au Puy-Sainte-Réparade, près d'Aix-en-Provence, une des trois réalisations d'Ando, que j'ai photographiées, en France. Tout ça, je ne le fais ni pour l'argent ni pour la reconnaissance, mais pour le plaisir de partir sur les traces d'artistes qui me touchent. Entre 1995 et 2001, j'ai travaillé sur les ports, avec l'écrivain Jean-Claude Izzo, mais il est mort avant d'avoir vu le livre *Hôtel Puerto* [éd. Images en manœuvre, 2001]. Sur son conseil, je suis allé à Bombay et avant de partir, j'ai acheté *L'Odeur de l'Inde*, de Pier Paolo Pasolini. Ainsi a démarré mon obsession pour le cinéaste italien. En 2001, j'ai refait en photos son parcours de l'été 1959 sur la côte italienne. J'ai publié ce travail, *La Longue Route de sable*, en 2005, chez Xavier Barral, c'est comme ça que je l'ai rencontré. À la même époque, après une expo sur le photographe Robert Frank, nouvelle obsession, pendant trois ans : 20 000 kilomètres aux États-Unis à reprendre son voyage de 1955 et 1956. Pour réaliser ce documentaire, *Un voyage américain, Sur les traces de Robert Frank* (2009), je me suis endetté, je paie encore aujourd'hui ! »

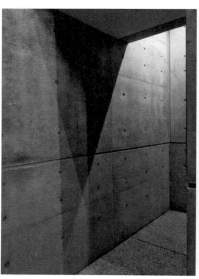

Rokko II, Kobe

« En 2016, François Pinault confie à Tadao Ando la rénovation de l'ancienne Bourse de commerce à Paris, pour y installer sa fondation d'art. Un signe ! Xavier Barral a déjà travaillé avec l'homme d'affaires et collectionneur français. Il nous reçoit, en septembre 2017, avec son conseiller artistique Jean-Jacques Aillagon. Notre projet les intéresse. Aillagon contacte Tadao Ando, on se voit deux mois plus tard à Osaka. Être mandaté par François Pinault, son client, ça aide ! L'architecte me pose un tas de questions, me fixe, veut savoir ce que j'ai au fond des tripes. Impossible d'esquiver ! Un combattant ! Si Tadao Ando s'est imposé au niveau international, il tient ça de son passé de boxeur : ne jamais rien lâcher, y compris contre le cancer dont il a souffert il y a quelques années, qui lui a coûté plusieurs organes. Les Chinois lui font confiance comme à un talisman : si un tel miraculé construit un bâtiment, ça porte chance ! Devant lui, je joue gros : va-t-il apprécier mon côté radical ? Je lui dis mes échecs, les endroits que je n'ai pas pu pénétrer. *"Qu'est-ce que vous faites cet après-midi ?* demande son assistant. *On vous ouvre un appartement à la résidence Rokko II à Kobe, avec une vue incroyable."* C'est l'appartement de Ando… J'y reste figé, comme s'il dessinait devant mes yeux. »

Mirissa, Sri Lanka

« Un soir, à Bruxelles, chez la mère de l'écrivain Jean-Philippe Toussaint, une dame me raconte qu'une de ses amies vit depuis vingt ans dans une immense maison de Ando, à Mirissa, au Sri Lanka, 2 500 mètres carrés de plancher. J'y passe trois jours, me perdant dans les dédales. Ma quête m'emmène ensuite au Mexique, à Monterrey, à Puerto Escondido… Hélas, en 2019, l'éditeur Xavier Barral décède brutalement. Terrible. On devait se rendre ensemble au Japon. Après un an de blocage, les salariés des éditions reprennent heureusement l'activité. Le livre sort en mars 2021. 2 300 photos, 130 bâtiments dans 11 pays présentés par ordre chronologique de découverte. Ando a 80 ans, beaucoup de livres lui sont consacrés. J'en avais 180 chez moi, il m'en a donné 100 autres, parus au Japon et en Chine. Mais celui-là est différent. Après, tout le monde me dit : *"Alors, pas trop déprimé ?"* Non ! C'est à la fois un soulagement et une tristesse, car Xavier Barral n'aura pas vu le résultat. Moi je repars sur deux projets nouveaux et différents, aux États-Unis et au Japon. »

Les photos sont tirées de l'*Atlas Tadao Ando*, éd. Xavier Barral, 2021.

1

L'icône féministe qui pensait trop mâle

EN 1971, ERIN PIZZEY FONDE LE PREMIER ABRI POUR FEMMES BATTUES, DANS L'OUEST LONDONIEN. ÉRIGÉE EN HÉROÏNE DU MOUVEMENT FÉMINISTE, ELLE EST AUJOURD'HUI RAYÉE DES MÉMOIRES. PAS ÉTONNANT : CETTE PIONNIÈRE RADICALE FRAIE AVEC LES THÈSES DES MASCULINISTES.

Par Laurène Daycard
Illustrations Marie Mohanna

Quand elle revient en Angleterre en 1997, à presque 60 ans, après seize ans d'exil à l'étranger, Erin Pizzey atterrit, criblée de dettes, dans un hôtel pour sans-abri. « *Battue ? Erin Pizzey ? Oui, un petit peu* », titre le quotidien *The Independent*. À l'époque, on sait encore qui est cette femme, et ce qu'elle a représenté aux yeux de milliers d'autres, en Grande-Bretagne, aux États-Unis, en France, partout où a été traduit son best-seller des années 1970 *Crie moins fort, les voisins vont t'entendre*, un essai pionnier sur les violences intrafamiliales. Aux prémices de l'ébullition féministe, en 1971, Erin Pizzey, mère au foyer et mariée à un ancien de la Royal Navy, a ouvert ce que les historiennes des violences conjugales considèrent comme le premier refuge d'envergure au monde pour femmes battues. En dehors des cercles militants, ces abus étaient relégués à la sphère privée, sans réelle législation pour les punir.

Ce centre se situe à Chiswick, quartier résidentiel de l'Ouest londonien. Toute rescapée peut y être hébergée gratuitement avec ses enfants, bénéficier de conseils juridiques et d'accompagnement dans les démarches avec les services sociaux. Des caméras du monde entier s'y déplacent. Des célébrités comme les rockers de The Who apportent leur soutien. La reine Elizabeth salue le *« phénomène Pizzey »*. C'est une icône. Une héroïne. Sans moyens, mais dotée d'un charisme certain, la Londonienne inspire la création de foyers pour femmes battues ailleurs en Grande-Bretagne et dans le monde, comme dans les Hauts-de-Seine, avec le centre Flora-Tristan, à l'initiative de Simone de Beauvoir, en 1978.

Un demi-siècle plus tard, Erin Pizzey s'est comme évaporée des archives de Refuge, l'organisation héritière de Chiswick, qui gère aujourd'hui 48 centres. Le nom de la fondatrice ne figure nulle part sur le site internet de cette importante œuvre de charité, affichant en 2019 un chiffre d'affaires de 17 millions de livres (20,3 millions d'euros). Du haut de ses 82 ans, elle est toujours en vie. Son compte Twitter affiche près de 7 000 abonnés, dont une partie se revendique MRA *(men's rights activists)*, les militants pour les *« droits des hommes »*. La centaine de comptes qu'elle suit en retour laisse peu de doutes sur l'état actuel de ses idées, comme cet internaute stipulant en guise de biographie : « *Le féminisme est une enfant gâtée, convaincue qu'elle sait tout et qui arrache le volant à son père pour diriger la voiture droit dans le mur.* » Ou celui qui inscrit : « *Le féminisme est un cancer.* »

* * *

Depuis sa sortie de l'hôtel pour sans-abri, il y a vingt-trois ans, l'octogénaire occupe un logement social à Twickenham, une zone huppée du Grand Londres, bordée par la Tamise. Elle vit dans une allée de maisons en brique, décorées

L'icône féministe qui pensait trop mâle

d'un porche à lambrequin, avec des parterres de fleurs méticuleusement entretenus. Seul le numéro 29 fait exception, avec ses herbes folles. Elle y occupe le dernier étage, une mansarde aménagée en studio biscornu. Quand j'arrive, la porte de son appartement est déjà ouverte.

Monotonie, dépression et révélation

L'hôtesse trône quelques marches plus haut, au bout du couloir, sur un canapé de cuir noir. C'est la pièce principale : un coin chambre, dissimulé par une bibliothèque, et l'espace salon. Je reconnais le visage avenant et la stature imposante observés sur les archives en ligne. À son cou, un bouton rouge, pour appeler les urgences – elle a survécu à une attaque cardiaque et un cancer. Et la grosse croix chrétienne, incrustée de quelques pierres, qu'elle portait à la grande époque. « *Je l'ai achetée sur un marché de Singapour* », sourit-elle. C'était peu après la naissance de son aînée, Cleo, en 1961. Elle vivait en Asie avec son mari, Jack Pizzey. De retour en Angleterre, le couple achète dans l'Ouest londonien, encore abordable, en lisière de Chiswick. « *Ma belle-mère qualifiait cette zone de "taudis"* », s'agace-t-elle. Parce que la façade est arrondie, Cleo et son petit frère, Amos, la surnomment leur « *Maison Blanche* ». Son mari quitte la Navy pour devenir un reporter populaire de la BBC.

« *J'étais complètement dépendante de lui. Je n'ai jamais su combien il gagnait.* » Jack lui laisse chaque semaine de quoi payer les courses. « *Je me sentais vraiment isolée.* » Elle souffre de ce « *mal qui ne dit pas son nom* », une expression qu'elle découvre en lisant *La Femme mystifiée*, de l'essayiste américaine Betty Friedan, paru en 1963. Une épidémie de dépression guette les ménagères des classes moyennes aisées des banlieues blanches et occidentales, épuisées de jouer aux mères au foyer épanouies.

Une brèche s'ouvre sur ce quotidien monotone lorsqu'elle ouvre le *Guardian* en 1969 : la journaliste Jill Tweedie chronique l'émergence d'un Women's Lib, un mouvement de libération des femmes. Il y est question de « *sororité* », un concept

Visage avenant et stature imposante malgré ses 82 ans, Erin Pizzey nous reçoit chez elle, dans la mansarde qu'elle occupe au dernier étage d'un logement social du Grand Londres.

> **Quand elle participe à sa première soirée militante, Erin Pizzey comprend qu'elle n'est pas dans le thème. Elle a l'impression d'être plus incitée à se victimiser qu'à conquérir son indépendance.**

qui lui paraît formidable. « *J'attendais ça depuis toujours : un espace où nous cessons d'être en concurrence les unes avec les autres. Où l'on pourrait se donner des conseils.* »

Erin n'a pas encore 30 ans lorsqu'elle assiste à sa première soirée militante. Elle confie pour la première fois les enfants à Jack et s'apprête en conséquence : maquillée et en robe. Mais quand une certaine « *Artemis* » lui ouvre la porte, elle comprend qu'elle n'est pas dans le thème. Le malaise se poursuit lorsqu'elle remarque un poster à la gloire du maoïsme.

Durant son enfance, son père, diplomate en Chine, avait été placé par le régime communiste en résidence surveillée pendant trois ans, avec son épouse et leur fils en bas âge, le futur romancier à succès Daniel Carney. Durant ces trois années d'absence, Erin était scolarisée chez des religieuses dans le Dorset. L'été, elle séjournait en pension, auprès d'une éducatrice, « *Miss Williams* », figure féminine qui la fascine. « *Elle était extrêmement grosse. Elle avait conduit des ambulances pendant la guerre. Je voulais lui ressembler, devenir moi aussi une femme autonome, qui ne se définit pas au travers de ses relations avec les hommes.* »

Quand, adulte, elle participe à cet événement féministe, chez Artemis, elle a l'impression d'être plus incitée à se victimiser qu'à conquérir son indépendance. Artemis lui enjoint de former un « *groupe de prise de conscience* », ces cercles de parole intimes et non mixtes à la base de la seconde vague du féminisme. Son sang ne fait qu'un tour : « *C'est un vocabulaire communiste !* » On l'interroge sur les raisons de sa présence. « *Je me sens seule et isolée. Je veux rencontrer d'autres femmes* », admet-elle. « *Non, ton problème, c'est que ton mari t'oppresse* », lui répond-on. Ce qui achève de la crisper : « *J'ai le loisir de rester avec mes enfants, pendant que mon mari travaille pour rembourser l'emprunt. On peut m'appeler une esclave au foyer, mais, au moins, j'ai du temps libre.* »

Combat, bénévolat et inauguration

Avec quelques réfractaires du Women's Lib, elle crée son propre groupe pour « *s'impliquer dans des changements à l'échelle locale* ». Elles mènent campagne contre la hausse du prix des denrées alimentaires et la suppression par Margaret Thatcher, alors secrétaire d'État à l'Éducation, de briques de lait pour les écoliers. Bientôt vient le désir d'un lieu à soi, où chacune pourrait avoir sa clé. À force d'insistance, leur conseil d'arrondissement, le *borough* de Hounslow, leur octroie l'usufruit d'une petite maison, abandonnée depuis six ans, et promise à la destruction, dans une rue de Chiswick, au 2 Belmont Terrace. Le terme de « *taudis* » est adéquat.

Les murs suintent d'humidité. C'est infesté de rats. Il n'y a ni salle de bains ni eau chaude, les toilettes sont dans la cour. Erin et ses comparses s'empressent de tout remettre en état.

Grâce au bouche-à-oreille, de plus en plus de bénévoles se joignent à la tâche : des jeunes mères, des enseignantes, des secrétaires, une plombière. Une cuisine est installée au rez-de-chaussée, une enseigne «Women's Aid», accrochée au fronton. Quelques semaines après l'inauguration, en 1971, une voisine arrive et soulève son pull. Elle a le buste couvert d'hématomes. «*Personne ne m'aide*», se désespère-t-elle. Cette phrase fait écho en Erin.

Blessures, rupture et ouverture

Erin Pizzey a grandi dans une famille dysfonctionnelle. Sa mère, infirmière canadienne désargentée, se fantasmait des origines aristocratiques. Elle était partie soigner des blessés à Shanghai, et trouver un bon parti. Sa fille la décrit comme frivole, peu intéressée par la maternité, et même cruelle. «*Je ne l'aimais pas. Mais je détestais encore plus mon père.*» Ce diplomate issu d'une lignée de prolétaires irlandais terrorisait les siens à chaque accès de colère. Son épouse multipliait les tentatives, infructueuses, pour s'en séparer. Erin se souvient d'un jour, à 14 ans, où sa mère craignait son retour de mission. «*Elle semblait terriblement inquiète. Elle répétait : "Je ne veux pas qu'il vienne dans mon lit." Ça m'a plongée dans un tel état d'angoisse que je suis restée debout toute la nuit à les épier à travers l'embrasure de la porte. J'avais un grand couteau de cuisine. S'il était allé dans son lit, je les aurais arrêtés. Heureusement pour lui, il le lui a juste demandé. Elle a dit non. Il n'a pas insisté et je n'ai donc pas eu à le tuer.*»

Face à l'inconnue qui lui révèle ses blessures, Erin ne peut rester indifférente. Elle lui offre le gîte pour la nuit, chez elle, à la «Maison Blanche». Elle en informe Jack, sans plus. «*Il n'a jamais été très intéressé par mes activités.*» Bientôt, elle découvrira que son mari est volage, ce qui précipitera leur couple vers la rupture. Cette nuit-là, le compagnon de leur invitée, qui avait dû se faire communiquer l'adresse par téléphone, tambourine à la porte. «*Je ne suis pas un homme violent*», l'imite Erin d'une voix caverneuse, en riant. Elle redevient sérieuse : «*J'ai compris à ce moment-là que je n'avais peur d'aucun homme dans ma vie, sauf de mon père.*»

Les jours suivants, des lits d'accueil d'urgence sont installés à l'étage de Belmont Terrace. Erin a 32 ans et vient de fonder, presque malgré elle, le tout premier refuge. Une règle d'or est édictée : interdit de refuser l'accueil de nuit aux femmes

Les fugitives affluent au refuge. Certaines ont les yeux au beurre noir, parfois des traces de brûlure de cigarette sur la peau, la mâchoire fracturée, et des séquelles de sévices toujours plus cruels.

et à leurs enfants dans le besoin. De plus en plus de fugitives s'y abritent. Certaines ont les yeux au beurre noir, parfois des traces de brûlure de cigarette sur la peau, la mâchoire fracturée, et des séquelles de sévices toujours plus cruels. Quelques-unes souffrent de la gale. D'autres se prostituent pour survivre. Leurs enfants traumatisés se cognent la tête contre les murs. Des matelas s'entassent à même le sol dans le couloir.

À cause de ce chaos, « *les bénévoles désertent vite l'équipe* », regrette Erin. À une exception près, l'autre figure incontournable du lieu : Anne Ashby. Cette infirmière, décédée en 2005, avait fait la connaissance d'Erin au détour d'une promenade avec poussette au parc du quartier. « *Elle avait du temps libre et n'était pas effrayée par les femmes dont chaque deuxième mot était "fuck"* », s'amuse sa collègue. D'autres volontaires prêtent main-forte, y compris des hommes. « *Pour les petits, c'était important de côtoyer des modèles positifs* », insiste Erin.

L'organisation repose sur les résidentes. « *À la différence des services sociaux, nous considérions que ce n'est pas parce que vous sortiez d'une relation violente que vous n'étiez plus en mesure de prendre vos propres décisions* », appuie la fondatrice. Tous les matins, à 10 heures, une réunion se déroule dans le salon. « *Elles avaient pour la première fois le luxe de s'asseoir avec d'autres personnes et de parler d'elles. Que faire aujourd'hui ? Que cuisiner ?* »

En 1974 paraît le best-seller d'Erin Pizzey *Crie moins fort, les voisins vont t'entendre*. « Moi, disant que les violences conjugales se déroulent derrière les portes closes des domiciles, cela a provoqué un énorme choc. »

En 1974, quand paraît son premier livre, *Crie moins fort, les voisins vont t'entendre*, 5 500 femmes ont déjà été reçues, selon l'autrice. Certains jours, le téléphone sonne plus de trois cents fois. L'essai a été rédigé dans l'urgence, la nuit, Erin attablée au comptoir de la cuisine de la « Maison Blanche », pendant que Cleo et Amos dorment. La prestigieuse Penguin Books le publie. Succès retentissant. « *Moi, une voix issue de la classe moyenne, disant que les violences conjugales se déroulent derrière les portes closes des domiciles, cela a provoqué un énorme choc.* »

En France, la journaliste et romancière Benoîte Groult rédige la préface, pour les Éditions des femmes : « *C'est aux hommes et aux femmes dits civilisés qui s'émeuvent si vite devant les injustices lointaines d'écouter enfin ce qu'il se passe tout près d'eux.* » L'opus réunit de nombreuses lettres de victimes ou de survivantes, comme ces deux courriers anonymes :

« *À 17 ans, j'ai épousé, j'ai le regret de le dire, un sadique tout à fait charmant avec tout le monde, sauf avec sa famille. Après la première semaine de mariage, il a commencé à me battre […]. J'ai souffert de malnutrition, de membres cassés et de bien d'autres choses encore, y compris de blessures à coups de couteau et d'angoisse nerveuse.* »

« Je suis allée chez le docteur, il a fait venir une inspectrice des services de santé […]. Je n'arrivais pas à m'arrêter de pleurer. Le docteur m'a fait une ordonnance pour des calmants […]. Je reste assise des heures, et quand les pilules sont finies, les larmes reviennent. En ce moment, j'attends la visite de l'assistante sociale, qu'on m'a promise. On ne m'a donné ni le jour, ni l'heure du rendez-vous. »

C'est un brûlot contre l'incompétence des institutions supposées protéger ces personnes. *« Chaque fois qu'une mère vient au service social, on lui dit qu'on ne peut rien faire pour elle, mais que l'on peut à la rigueur prendre ses enfants en charge. Ce n'est qu'un mauvais piège qui lui est tendu »*, assène l'autrice.

* * *

Maria Mourland est une ancienne pensionnaire de Chiswick. Je la retrouve un matin, dans un café du nord ouvrier de Londres. De longs cheveux auburn courent dans le dos de cette sexagénaire à la silhouette élancée. *« Battre sa petite amie n'était pas un crime. La police était déjà venue chez moi, pour savoir quel était le problème, alors que j'avais le nez ensanglanté »*, rappelle cette native du Kent. À la fin de son adolescence, elle a fui une vie de famille chaotique pour s'engager avec un homme violent. Sans emploi, sans aide sociale à son nom et avec un bébé à nourrir, la jeune Maria se pense piégée jusqu'à ce qu'elle découvre dans un journal l'existence du refuge, en 1979. Trois mois plus tard, elle rallie la capitale. Elle y est abritée deux ans, avec sa fille, avant d'obtenir un logement social et de suivre une formation pour devenir famille d'accueil. *« Je m'occupe d'adolescents en difficulté parce qu'ils ont eu des parents incapables. Je peux comprendre ce qu'ils traversent. Nous sommes nombreuses, parmi les anciennes, à nous être dirigées vers les métiers du soin. »*

En 1973, le centre avait déménagé quelques rues plus loin, sur Chiswick High Road, au numéro 369. Le patron d'une entreprise de construction lui avait acheté une belle maison mitoyenne, avec fenêtre en encorbellement. La façade en pierre était fréquemment recouverte de banderoles *« We love you Erin »* ou *« Battered wives need refuge »*, pour protester contre les menaces de fermeture du site par les autorités, sous prétexte de surpeuplement.

« Nous n'étions pas tout à fait le voisinage idéal, ironise Maria. *Imaginez les multiples allées et venues tous les jours ! »* Au fil des années, l'état de la maison s'était considérablement dégradé. Maria frissonne de dégoût quand elle repense *« à toutes ces souris qui grouillaient la nuit au pied des lits »*. Elle me parle de la baignoire toujours bouchée. Du cadavre de rat échoué sur la poêle à frire.

Surpeuplé, le refuge se dégrade. Des souris grouillent au pied des lits, la baignoire est toujours bouchée, on passe des heures à chasser les nuisibles, raconte une ancienne pensionnaire.

Une National Women's Aid fédère environ 80 refuges depuis 1974, mais Erin Pizzey fait cavalier seul et développe ses propres théories sur l'origine des violences.

Des heures passées à chasser les nuisibles, armés d'ustensiles de cuisine. Des « *commandos poux* », à la recherche de lentes sur les colocataires. Et même d'excréments sur les murs. « *Nous étions parfois une centaine à cohabiter, pour une seule salle de bains* », grimace Maria Mourland. Malgré le désœuvrement, il y avait beaucoup de joie. Elle raconte, malicieuse, ces sacs-poubelles chargés de vêtements, dons de riches bienfaitrices. Avec sa taille de guêpe, elle était l'une des rares à pouvoir les porter.

Ses souvenirs sont empreints de nostalgie, lorsqu'elle évoque ces nuits à se confier, dans la cuisine, entre survivantes, sur ce qu'elles avaient enduré, parfois pendant des décennies, sans réussir à quitter leur conjoint. Et sur les multiples stratagèmes pour prendre leur revanche. L'une crachait dans le dîner qu'elle servait à son tortionnaire. Une autre malaxait son pain sous ses aisselles. « *Je suppose que tout ça était thérapeutique* », suggère la rescapée. Elle décrit le même mécanisme que celui des cercles de prises de conscience du Women's Lib, autrefois honnis par la fondatrice. « *Ma vie a vraiment commencé le jour où je me suis installée ici*, souffle-t-elle. *Grâce à Erin, j'ai eu une vie heureuse. Je la vois très rarement, mais nous faisons partie d'une même famille.* » Erin Pizzey résume : « *La mission de ma vie a été d'aider les gens à surmonter les épreuves.* » D'après elle, il est important d'avoir des « modèles » auxquels se raccrocher. C'est le rôle qu'elle espère avoir endossé auprès des survivantes. « *Elle gardait un œil protecteur sur moi tout du long* », dit Maria Mourland.

* * *

Le 26 octobre 1976, le Parlement britannique adopte la loi sur les violences domestiques et les procédures matrimoniales. Les femmes mariées peuvent enfin obtenir une protection juridique, y compris en phase de séparation, le moment le plus à risque pour un passage à l'acte meurtrier. Leurs bourreaux sont menacés d'expulsion du domicile, même s'ils en sont propriétaires. Erin Pizzey fête cette victoire en marge du mouvement des femmes battues. Une National Women's Aid fédère depuis 1974 environ 80 refuges, selon l'historienne Gill Hague. En 1979, l'association Southall Black Sisters voit le jour pour défendre les femmes noires, asiatiques et afro-caribéennes. Mais « *Chiswick Women's Aid s'est unilatéralement séparée du reste du mouvement Women's Aid pour faire cavalier seul* », souligne cette universitaire.

Pour se distinguer, Erin développe ses propres théories sur l'origine des violences. En 1982, dans son livre *Prone to Violence*, l'innovatrice dresse une typologie des victimes entre les innocentes et celles qui seraient « *enclines à la violence* », du fait de leur contexte familial d'origine. Cette lecture psychologisante grossière nie l'impact du genre sur le terrain de l'intime. En France, les spécialistes se réfèrent à la notion d'« *emprise* » pour qualifier cette entreprise de destruction d'un homme sur sa compagne. En Grande-Bretagne, on parle plutôt de « *contrôle coercitif* », criminalisé par le Code pénal depuis 2015.

Gill Hague formule avec diplomatie : « *Je ne dirais pas qu'Erin est oubliée, mais que les personnes qui l'ont côtoyée en sont toujours blessées. Cinquante ans après, ça reste un sujet de dispute. On s'en souviendra comme du premier refuge, mais Erin Pizzey voulait tout contrôler.* » Gill Hague est l'une des rares expertes à m'avoir répondu. « *On a peur d'être associées à une personne aussi controversée* », avoue une sociologue. D'abord érigée en héroïne, la pionnière a été placée sur liste noire.

Controverse, éviction et exil

« *L'oubli est parfois naturel, parfois délibéré* », analyse la journaliste Helen Lewis, attablée dans un bistrot à la mode près de London Bridge. En Grande-Bretagne, elle est la seule signature influente à s'être récemment intéressée à Erin Pizzey. À l'été 2021, lors de notre échange, son ouvrage *Difficult Women: A History of Feminism in 11 Fights* vient de sortir. Il retrace les destins de femmes incroyables mais ignorées par la postérité, dont la pionnière de Chiswick. « *Celles qui accomplissent des choses sont souvent tout le contraire de ce qui leur est demandé en tant que femmes : conflictuelles, avec une haute opinion d'elles-mêmes, combatives, agressives s'il le faut et capables de s'autopromouvoir* », relève l'essayiste.

Dans le jargon journalistique, Erin Pizzey était « *une bonne cliente* ». Une porte-parole charismatique s'exprimant de manière intelligible. « *Elle a incarné à elle seule le mouvement des refuges. Elle appréciait cette célébrité et cette attention était utile à la cause*, estime Helen Lewis. *En France, vous avez l'expression : "l'État, c'est moi." Avec elle, ce serait : "Le mouvement des refuges, c'est moi." Elle se pensait trop importante pour être étiquetée. Elle n'a jamais voulu être associée à un mouvement.* » Mais si Erin Pizzey nie toute implication au sein du Women's Lib, « *elle a travaillé au sein du courant féministe*, conclut la journaliste. *Même si c'était de sa petite île, elle était partie prenante d'une atmosphère* ».

Au début des années 1980, la fondatrice est poussée vers la sortie, à la faveur d'un accord financier avantageux négocié par son allié, le patron de presse David Astor. Le refuge sera réhabilité sous conditions : un taux d'occupation est fixé, des bénévoles y seront salariés et Anne Ashby, peut-être

Au début des années 1980, la fondatrice est poussée vers la sortie. « J'ai eu le cœur brisé de partir, mais j'étais aussi soulagée », confie Erin Pizzey, qui se fait hospitaliser en maison de repos, épuisée par ses journées surchargées.

Partie aux États-Unis en 1981, Erin Pizzey écrit des romans et connaît un certain succès. Seize ans plus tard, lâchée par ses éditeurs, elle revient à Londres et vit du minimum social des retraités.

plus souple, en récupérera la direction. L'expérience de communauté autogérée par les mères s'institutionnalise. *« Oui, j'ai eu le cœur brisé de partir, mais j'étais aussi soulagée »*, nuance l'ancienne cheffe, qui se fait hospitaliser en maison de repos. Elle cumule les problèmes de tension, à cause de ses journées surchargées, à jongler entre le centre, sa vie de famille monoparentale depuis son divorce, en 1976, et les nuits blanches à écrire ses ouvrages ou des contributions rémunérées pour la presse, comme le magazine *Cosmopolitan*. Son aînée, Cleo, a accouché à 15 ans. Le père, un musicien adolescent, connaîtrait bientôt un succès planétaire en tant que bassiste du groupe Culture Club.

La jeune grand-mère vend la « Maison Blanche » en 1981 et embarque les siens vers le Nouveau-Mexique, aux États-Unis, avec son nouveau compagnon, un ex-bénévole américain de vingt ans son cadet. *« Mon plan était d'écrire des romans depuis Santa Fe pour les faire vivre et financer un refuge qui ne serait pas dépendant des aides gouvernementales. »* Cet exil américain est une période prolifique. Ses premiers romans connaissent un certain succès. L'octogénaire en extirpe plusieurs de l'étagère : *The Watershed, Kisses, For the Love of a Stranger, Swimming with Dolphins*… *« Introuvables, sauf d'occasion sur Internet. »*

Déclin, radicalisation et contradictions

Au bout de quelques années, l'écrivaine est lâchée par ses éditeurs. Le dernier, Harper Collins, la remercie alors qu'elle est de retour en Europe, pour vivre en Toscane, un autre de ses rêves. Séparée de son jeune partenaire, elle vivote en travaillant comme serveuse. Et sombre dans la précarité au seuil de la retraite. *« Savez-vous ce qu'a été mon cadeau de Noël à moi-même, l'an passé en Italie ? Avoir le chauffage central toute une journée »*, confie-t-elle à *The Independent*, en 1997. Un fonds de solidarité est lancé. La plupart de ses anciennes sœurs de lutte ignorent la requête. Son fils, Amos, resté aux États-Unis pour évoluer dans l'industrie musicale, éponge ses dettes. Sa fille, Cleo, assistante sociale, lui décroche le logement social de Twickenham. La grand-mère vit du minimum social pour les retraités, qu'elle évalue à 400 livres par mois (470 euros), et d'une dotation annuelle de 7 000 livres (8 300 euros) du Royal Literary Fund allouée aux auteurs dans le besoin.

Plus isolée que jamais, l'ex-icône prend un tournant plus radical et flirte avec les mouvances masculinistes. Elle m'assure que ses convictions n'ont jamais bougé. Dans les années 1970, les journalistes femmes exerçaient une forme de censure *« car elles étaient toutes de sensibilité féministe »*, accuse-t-elle.

Erin Pizzey flirte avec les thèses masculinistes. En 2009, elle rédige une tribune intitulée : « Pourquoi je déteste le féminisme… et pense qu'il va finir par détruire la famille ».

Dans un article que lui consacre le quotidien britannique *The Guardian*, en 2001, elle affirme que *« la violence conjugale n'est pas une question de genre »*. La journaliste Dina Rabinovitch termine par cette interrogation : *« Je me demande si un homme qui aurait fait autant serait si seul. Et je me demande pourquoi nous, les femmes, sommes incapables de prendre soin des nôtres comme nous le devrions. »*

En 2009, la retraitée rédige une tribune pour le quotidien conservateur le *Daily Mail* : *« Pourquoi je déteste le féminisme… et pense qu'il va finir par détruire la famille »*. Une de ses dernières contributions pour un titre grand public : *« Les femmes comme les hommes sont capables de cruauté extrême. De plus, la seule chose dont un enfant ait besoin, c'est de ses deux parents biologiques sous un même toit […]. Ce pays est maintenant au bord d'un grave effondrement moral. »* Face à moi, l'écrivaine enfonce le clou : *« Le féminisme est un cheval de Troie abritant des soldats. D'abord, vous subvertissez les femmes. Ensuite, les familles. Si les maris nous oppressent, c'est qu'il faut nous en débarrasser, nous disent-elles. Il n'y a plus d'unité familiale homme, femme, enfant. La nouvelle unité, à leurs yeux, c'est femme et enfants, sans homme. »* Les propos sont prononcés sur un ton vigoureux.

Erin Pizzey a pris *« la pilule rouge »*. Cette métaphore, prisée par les mouvances masculinistes, décrit le moment où leurs adeptes comprennent que l'univers serait, dans leur esprit, façonné au profit du deuxième sexe, et que nous vivrions en *« gynocratie »*. C'est aussi le titre d'un documentaire à succès de 2016, auquel Erin Pizzey a participé, l'histoire d'une cinéaste féministe dont les convictions chavirent au contact de ceux qui se prétendent *« défenseurs des droits des hommes »*, mais prônent surtout la haine des femmes. Comme Paul Elam, l'éditeur américain du très influent site A Voice for Men, auquel Erin Pizzey contribue. Cette figure influente de la « manosphère » anglo-saxonne est un habitué des sorties provocatrices. En 2010, sur son site, Elam a écrit qu'il ne condamnerait jamais un violeur, qu'importent les preuves, parce que les tribunaux seraient *« corrompus »* par *« une fausse culture du viol »*. Erin l'excuse : *« Ce n'étaient que des déclarations pour faire parler de lui. »*

1 425 femmes, une tous les trois jours, ont été tuées par des hommes en Grande-Bretagne entre 2009 et 2018, selon la base de données Femicide Census impulsée par la travailleuse sociale Karen Ingala Smith et l'avocate Clarissa O'Callaghan, en partenariat avec Women's Aid. En moyenne, une tous les quatre jours l'est par un (ex-)conjoint, selon ce recensement. *« Le rythme auquel les hommes tuent les femmes ne présente aucun signe de diminution »*, s'inquiètent les chercheuses. D'après les données des dix dernières années relevées par l'Office national des statistiques, 80 femmes, âgées de 16 ans et plus, sont tuées en moyenne chaque année par

un conjoint ou ex-conjoint en Angleterre et au pays de Galles. Ces féminicides représentent un tiers des meurtres de femmes. À l'inverse, 2 % des homicides surviennent dans un tel contexte, soit environ neuf victimes masculines par an. Le rapport n'indique pas si le crime survient dans un cadre hétérosexuel ou homosexuel.

Courage, oubli et regrets

Erin Pizzey elle-même contredit ses idéaux. « *Elle dit que le féminisme détruit le modèle de famille nucléaire. Mais c'est à partir du moment où elle s'est engagée dans l'activisme qu'elle a rompu avec Jack* », constate la journaliste Helen Lewis. Sa petite-fille Amber, mère au foyer de 42 ans, dont elle est très proche, la défend : « *Grandma a un suivi énorme sur les réseaux sociaux. Elle garde toute sa pertinence.* »

La reporter-photographe Christine Voge, qui avait réalisé une série photo dans le foyer et a noué un lien amical avec la fondatrice, reconnaît : « *Oui, elle a un caractère compliqué.* » Puis elle oppose : « *Si elle n'avait pas eu le courage de faire ce qu'elle a fait, il n'y aurait pas de refuge aujourd'hui.* » Christine Voge déplore que, d'un côté, « *on essaie de l'effacer de l'histoire* », et que, de l'autre, les militants masculinistes « *tirent profit d'elle* ».

Sa fille, Cleo Pizzey, me raconte par téléphone être retournée une fois au refuge, il y a quelques années. En tant qu'assistante sociale, il lui arrive d'y placer une victime. « *La maison avait tellement changé, tout était neuf !* », s'étonne-t-elle. Quand elle a prononcé son nom, personne n'a tilté. « *Les jeunes, même dans le secteur du social, ne le connaissent plus. Ils pensent qu'il y a toujours eu des refuges.* »

Quelques jours plus tard, je monte à bord de la voiture d'Erin Pizzey en direction de Chiswick. « *Mais on ne va pas pouvoir y entrer.* » Elle s'indigne : « *On m'a juré de me mettre à la porte si j'y allais !* » L'octogénaire marche avec une canne, mais elle conduit avec aisance jusqu'à ce que la météo change. Des torrents d'eau giclent bientôt sur le pare-brise et son essuie-glace ne cesse de se coincer. La conduite devient de plus en plus dangereuse. La pluie s'intensifie. « *J'ai peur* », me dit Erin. Je m'en veux de l'avoir embarquée dans ce voyage. Elle s'arrête à un feu rouge. « *La station de métro est en face* », me dit-elle. Je referme vite la porte pour ne pas laisser entrer la pluie.

On se quitte comme ça. Dans le fond, elle n'avait peut-être pas si envie que ça de revoir le refuge. Pour elle aussi, c'est du passé.

La photographe Christine Voge, qui a noué un lien amical avec Erin Pizzey, déplore que, d'un côté, « on essaie de l'effacer de l'histoire » et que, de l'autre, les militants masculinistes « tirent profit d'elle ».

« Sur cette image, Erin Pizzey est entourée de femmes qui ont fui l'Écosse et leurs conjoints violents. Elle est leur protectrice. »

« Au refuge, c'était le chaos »

En 1978, la photographe **Christine Voge** s'est immergée dans le quotidien du premier refuge pour femmes battues, ouvert par Erin Pizzey. Ses clichés sont des pièces historiques.

En chemin depuis l'Iran vers les États-Unis, en 1976, Christine Voge débarque pour la première fois à Londres pour une semaine de vacances. Cinquante ans plus tard, elle y vit toujours, dans un charmant cottage en lisière de la capitale. *« Je n'avais pas non plus prévu de devenir photographe,* s'amuse cette Américaine. *Tout s'est fait par hasard. »* Peu après son arrivée à Londres, elle tombe amoureuse d'un photoreporter de l'agence Sipa. Il lui prête un appareil pour lui servir de renfort sur un événement. *« J'ai vite appris à l'utiliser »*, se souvient-elle.

En 1978, elle accompagne une journaliste en reportage sur le refuge pour femmes battues de Chiswick. Sa coéquipière trouve l'expérience *« traumatisante »* et abandonne. *« J'ai décidé de faire des images moi-même. Ce sujet en valait la peine. »*

Chaque matin, elle se rend au foyer : *« C'était le chaos. »* Un adolescent menace de lui casser son Nikon. *« J'ai dû gagner leur confiance. La plupart des journalistes ne restaient qu'une journée. »* À part la photographe tchèque Markéta Luskačová, dont la série sur le refuge reste aussi méconnue. Pour Erin Pizzey, la fondatrice des lieux, *« Christine est la seule à être restée aussi longtemps »*.

Au bout de trois semaines, Christine Voge dispose d'une centaine de clichés. Lors de notre rencontre, elle fait défiler sur son ordinateur sa sélection finale, une trentaine d'images qui témoignent du dénuement dans lequel ont survécu les rescapées de Chiswick : un dortoir où s'entassent des femmes et des enfants, des vitres brisées, des gamins qui fument ou jouent dans la boue. Christine Voge raconte avec fierté que la prestigieuse Hayward Gallery a exposé sa série à la fin des années 1970, ce qui l'a aidée à développer ses collaborations avec la presse.

Ce travail sur le refuge reste le plus impactant. *« Cette série mène sa propre vie »*, s'étonne la septuagénaire. En 2007, elle découvre que certains tirages sont exposés par le Arts Council England, qui possède quinze de ses clichés dans ses archives. *« Ils cherchaient à me joindre, mais n'avaient que mon nom d'ex-épouse. »* Elle reprend contact avec Erin Pizzey pour l'inviter au vernissage. Depuis, les deux femmes ont noué un lien d'amitié. *« On a essayé de faire ensemble un livre sur Chiswick, mais aucun éditeur n'en a voulu »*, regrette-t-elle.

LAURÈNE DAYCARD

ÉCLAIRAGE

CHRISTINE VOGE

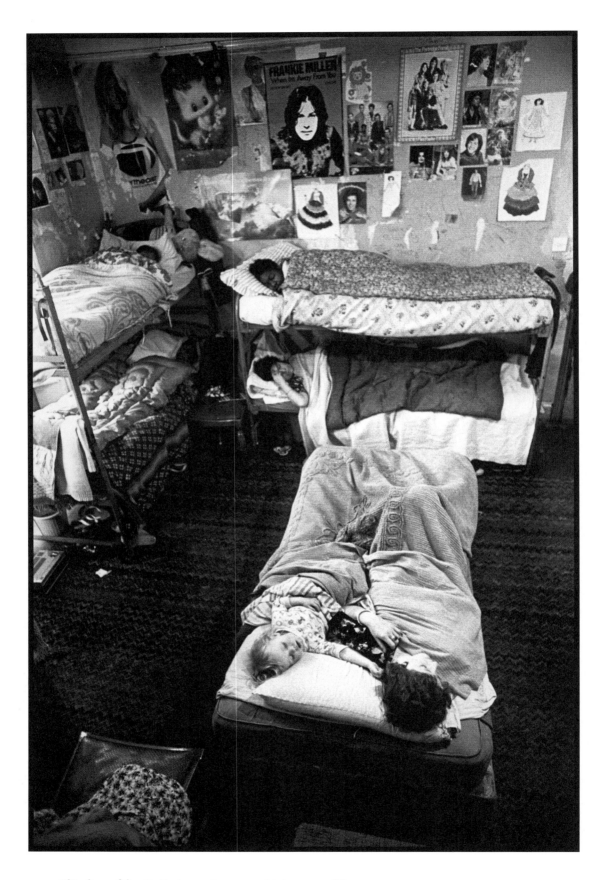

138—XXI **L'icône féministe qui pensait trop mâle**

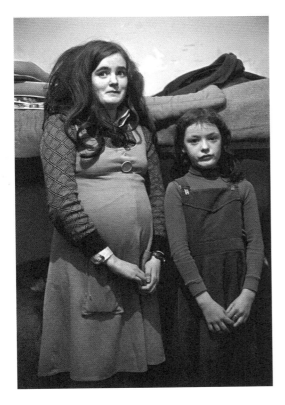

« Un matin, j'arrive à l'aube pour photographier le dortoir surpeuplé au réveil. Mère et enfants partagent leur lit. Le garçon allongé sur un canapé est celui qui a voulu casser mon appareil photo. Il est assez dur, cynique. La plupart des enfants sont traumatisés et en colère. Ils arrachent du papier peint. Il y a aussi ce trou dans le mur… Certains sont plus calmes, comme cette petite fille au côté d'une femme enceinte qui n'est pas sa mère, même si elles ont la même expression. Les conditions de vie sont rudes, c'est sale. Mais c'est le début d'une nouvelle vie. »

ÉCLAIRAGE

« Il règne un esprit de camaraderie entre les enfants. Les grands prennent soin des plus petits. Ils sont marqués mais ils s'amusent. Ils sautent sur les matelas et font des choses que j'aurais moi-même rêvé d'avoir le droit de faire à leur âge. À force de me voir, ils oublient ma présence. Sans ça, je n'aurais pas réussi à capter ces instants. Sur la grande image *[page de droite]*, il me semble que la femme au téléphone est l'une des occupantes qui ont souhaité prendre des responsabilités dans le fonctionnement du foyer. Peut-être est-elle en train de négocier avec les autorités locales pour éviter la fermeture du refuge. »

ÉCLAIRAGE

L'icône féministe qui pensait trop mâle

CHRISTINE VOGE

« Les masculinistes veulent rétablir le pouvoir des hommes »

Entretien avec **Pauline Delage**, sociologue au CNRS, spécialiste des questions de genre et auteure du livre *Violences conjugales*.

XXI Selon Erin Pizzey, les violences conjugales ne sont pas une question de genre...
Pour elle, la question des violences dans le couple serait déconnectée de l'analyse des rapports sociaux de sexe. Dans sa démonstration, Erin Pizzey a beaucoup insisté sur les violences infligées aux enfants, garçons et filles, par les parents. Or les féministes ont essentiellement travaillé sur les violences chez les adultes et montré en quoi le genre est l'un des traits structurants des violences dans le couple. Les enquêtes quantitatives révèlent une forte asymétrie de genre : les femmes subissent plus de violences, dans le cadre d'une relation hétérosexuelle. Ces violences sont plus souvent répétées et ont des conséquences plus graves sur leur santé physique et mentale. Elles maintiennent le contrôle sur les femmes.

A-t-elle été récupérée par les masculinistes ?
Elle a l'air pleinement partie prenante. Elle reprend des piliers de leur discours. Le premier : les hommes subiraient des violences et discriminations cachées. Le deuxième : la responsabilité de cette invisibilisation incomberait aux féministes, parce qu'elles détesteraient les hommes.

Pauline Delage
Violences conjugales, Du combat féministe à la cause publique » (Presses de Sciences Po, 2017).

Des clichés...
Oui, si l'on se situe du point de vue du genre, en tant que rapport social, les hommes ne subissent pas d'inégalités vis-à-vis des femmes. Ils peuvent en subir en lien avec l'appartenance de classe, les discriminations raciales ou homophobes. Mais les mouvements masculinistes ne traitent pas de ça.

Quelle est la base de leur discours ?
Ils veulent rétablir le pouvoir des hommes. Selon eux, ils sont autant victimes de violences dans le couple. C'est faux. Les masculinistes mettent aussi en avant l'idée selon laquelle les hommes seraient désavantagés dans l'obtention du droit de garde. Les données montrent que ce phénomène est essentiellement dû au fait qu'ils la demandent beaucoup moins.

Le masculinisme est-il présent en France ?
Il y a des groupes ou des associations, comme SOS Papa [*15 000 adhérents revendiqués, se mobilisant pour la défense des droits des pères et dont le discours emprunte à l'antiféminisme, ndlr*]. Mais ils semblent moins institutionnalisés qu'en Amérique du Nord ou en Grande-Bretagne. En France, les violences conjugales restent, jusqu'à présent, appréhendées comme intrinsèquement liées aux inégalités entre les femmes et les hommes, par une partie importante du monde associatif et dans les politiques publiques.

Leurs revendications sont-elles parfois pertinentes ?
Les masculinistes se mobilisent sur des données souvent fausses. Leurs revendications s'appuient sur une interprétation « fantasmée » des travaux de recherches, comme avec l'exemple du droit de garde. Par ailleurs, les sociologues du genre travaillent déjà sur des thèmes tels que la construction des masculinités ou le rapport différencié à la violence. L'objectif des masculinistes est d'annihiler certaines avancées liées à la promotion de l'égalité.

PROPOS RECUEILLIS PAR LAURÈNE DAYCARD

POUR ALLER PLUS LOIN

Erin Pizzey, un legs problématique à ne surtout pas édulcorer

J'ai hérité des livres féministes des années 1970 de ma mère, dont le *Scream Quietly... (Crie moins fort...)*, d'Erin Pizzey. Je l'ai relu lors du premier confinement et j'ai été impressionnée par les échos actuels que provoque ce texte, notamment la manière dont les autorités publiques se révèlent encore trop souvent défaillantes, y compris en France, dans la protection des victimes. Sa description des mécanismes du contrôle intime des femmes reste pertinente. Je me suis demandé pourquoi, au-delà du livre, je n'avais jamais entendu parler de celle qui fut une telle icône, alors que j'enquête depuis des années sur les violences conjugales.

Au fil de mes recherches, j'ai compris que cette pionnière était devenue controversée, du fait de ses accointances avec des masculinistes. Je lui ai adressé une demande d'entretien par e-mail, à laquelle elle a répondu de façon plutôt chaleureuse. Erin Pizzey souhaite que son apport à l'histoire ne soit pas oublié. À cause du contexte sanitaire, j'ai attendu une année avant de pouvoir me rendre à Londres, à l'été 2021. Cette femme octogénaire m'a semblé très sympathique. J'ai perçu son charisme. Ses positions politiques ne m'en paraissent pas moins critiquables et dangereuses. C'est ce paradoxe qui donne matière au récit. Il me paraît essentiel de raconter les aspérités et les contradictions de sa trajectoire.

Depuis quelques années, une tendance éditoriale met à l'honneur les femmes *« inspirantes »*, quitte à aseptiser leurs biographies. La pureté militante, idéal aussi très en vogue sur les réseaux sociaux, ne doit pas être un préalable pour accéder à la postérité. Il faut en finir avec les contes pour enfants et travailler à la mémoire des *« mauvaises féministes »*, pour reprendre l'expression de l'essayiste américaine Roxane Gay. Erin Pizzey fait figure de cas d'école. Son legs est tellement problématique, contre-productif pour la cause, qu'il serait tentant de vouloir l'effacer. Mais édulcorer son parcours ou, pire, l'oublier, signerait une forme d'échec du féminisme.

L.D.

Crie moins fort, les voisins vont t'entendre
d'Erin Pizzey
Éd. des Femmes, 1974
Erin Pizzey retrace la création du refuge de Chiswick et donne la parole aux survivantes. *Scream Quietly or the Neighbours Will Hear*, en version originale, est un document historique sur la condition des femmes britanniques au tournant des années 1970.

Antiféminismes et masculinismes d'hier et d'aujourd'hui
sous la direction de Christine Bard, Mélissa Blais et Francis Dupuis-Déri
Éd. PUF, 2019
De Proudhon aux mobilisations de pères perchés sur des grues, cet ouvrage étudie différents visages du masculinisme. Une lecture nécessaire pour comprendre les mécanismes de réactions – le « backlash » – à l'égalité.

Difficult Women: A History of Feminism in 11 Fights
de Helen Lewis
Éd. Penguin Random House, non traduit, 2020
La journaliste britannique s'intéresse à onze figures féministes oubliées, comme Erin Pizzey. *« L'histoire du féminisme ne devrait pas arrondir les angles des pionnières du mouvement – voire les éliminer complètement »*, insiste l'autrice.

Féminicides
réalisé par Lorraine de Foucher
France 2, 2021
Ce documentaire très didactique décrypte les mécanismes de contrôle conduisant à des crimes de haine.

/ EN COULISSES   / À LIRE, À VOIR

Bottes people

LES IDÉES LES PLUS SIMPLES SONT PARFOIS LES MEILLEURES. POUR ÉVITER GELURES ET AMPUTATIONS AUX MILLIERS DE MIGRANTS QUI TENTENT DE PASSER D'ITALIE EN FRANCE EN SIMPLES BASKETS DANS LE FROID GLACIAL DES MONTAGNES, DES BÉNÉVOLES ONT TROUVÉ LA PARADE : LEUR FOURNIR DES BOTTES. QUI, EN CAS DE SUCCÈS, SERONT RÉACHEMINÉES CÔTÉ ITALIEN POUR UN NOUVEAU BÉNÉFICIAIRE.

Par Hélène Baillot et Raphaël Botiveau
Dessins Joël Alessandra

Depuis 2016, plus de 10 000 personnes sont passées par le col de Montgenèvre. En général, le trajet se déroule ainsi : après avoir pris le train de Turin jusqu'à Oulx (1100 m), où se trouve le refuge Fraternità Massi qui les accueille, les exilés rejoignent en bus le village frontalier de Clavière (1760 m). Équipés de vêtements chauds et de bottes de neige, ils tentent de traverser la frontière à pied pour rallier le village français de Montgenèvre (1850 m).

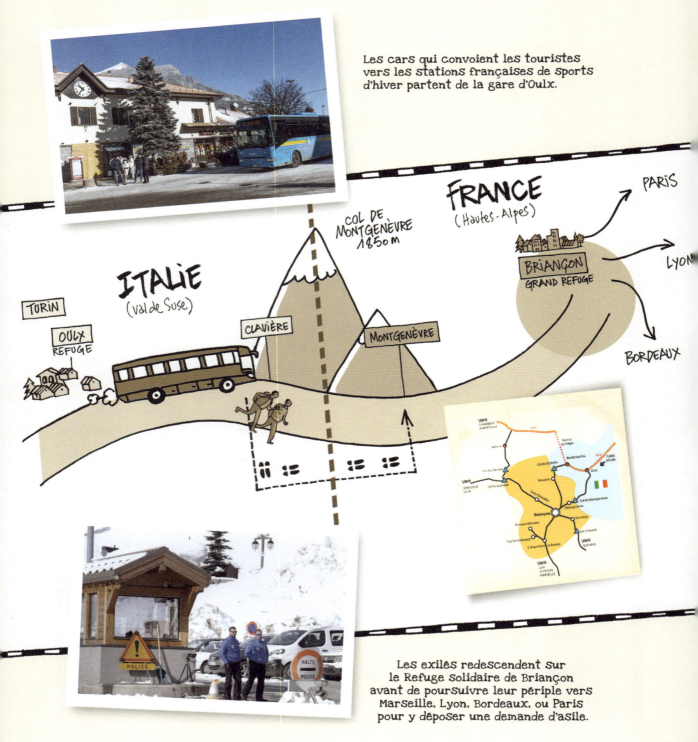

Les cars qui convoient les touristes vers les stations françaises de sports d'hiver partent de la gare d'Oulx.

Les exilés redescendent sur le Refuge Solidaire de Briançon avant de poursuivre leur périple vers Marseille, Lyon, Bordeaux, ou Paris pour y déposer une demande d'asile.

Le col de Montgenèvre, un des plus bas des Alpes, a toujours été un lieu de passage.
On dit qu'Hannibal y fit traverser ses éléphants en 218 avant J.-C.
Plus récemment, des Piémontais (aux XIXe et XXe siècles) ou des Yougoslaves
(dans les années 1960-1970) l'ont emprunté, en quête d'une vie meilleure.

Pour les touristes, la frontière n'existe pas. L'hiver, ils glissent sans s'en rendre compte
d'un pays à l'autre sur les pistes de Montgenèvre. En été, les golfeurs s'amusent sur un 18 trous
international qui joue à saute-frontière (trou n° 7 à l'aller et n° 16 au retour).

À Oulx, la communauté religieuse des Salésiens avait l'habitude de recevoir les pèlerins suivant la Via Francigena (chemin qui relie Canterbury à Rome). En 2018, le prêtre Don Luigi Chiampo ouvre le refuge Fraternità Massi, où les exilés peuvent manger et se reposer avant la traversée de la frontière ou après avoir été refoulés.

* DEPUIS NOVEMBRE 2015, LA FRANCE A RÉTABLI LES CONTRÔLES AUX FRONTIÈRES, METTANT FIN À LA LIBRE CIRCULATION DES PERSONNES AU SEIN DE L'ESPACE SCHENGEN.

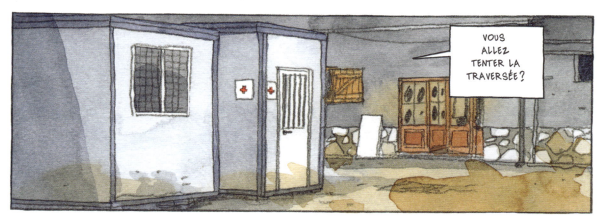

Dans la cour du refuge, deux préfabriqués installés par la Croix-Rouge italienne contiennent vêtements et chaussures d'hiver. Ces « magasins » sont gérés par une poignée de bénévoles locaux, dont Elena et Franca. Amies d'enfance, elles ont milité ensemble au sein du réseau No TAV contre la ligne de train à grande vitesse Lyon-Turin.

En décembre 2017, Elena recueillit durant quatre mois Matthieu, un jeune homme qui avait tenté de traverser la montagne seul, avec de simples baskets, un jour de tempête. Il avait, comme beaucoup à l'époque, fini pieds nus avec des gelures importantes. Détenu sans soins par la police italienne pendant plusieurs heures, au commissariat de Bardonecchia, Matthieu avait frôlé l'amputation.

« QUAND ON A COMMENCÉ À COLLECTER DES DONS, ON S'EST RENDU COMPTE QUE LES CHAUSSURES POSAIENT SOUVENT PROBLÈME. »

« LA PLUPART ÉTAIENT BASSES ET SE TREMPAIENT VITE, ON MANQUAIT AUSSI DE GRANDES TAILLES, ON A DONC DÉCIDÉ D'ALLER VOIR À DECATHLON. »

« ON A CHOISI LES BOTTES DE NEIGE SH100 PARCE QU'ELLES ADHÈRENT BIEN, SONT LÉGÈRES, ÉTANCHES ET UN PEU FOURRÉES À L'INTÉRIEUR, ET PUIS, ELLES N'ÉTAIENT PAS TROP CHÈRES. »

C'est ainsi que 400 paires de bottes ont été achetées dans plusieurs magasins des environs de Turin fin 2018, au prix de 13 euros la paire, grâce à des fonds levés lors de dîners de charité.

152—XXI **Bottes people**

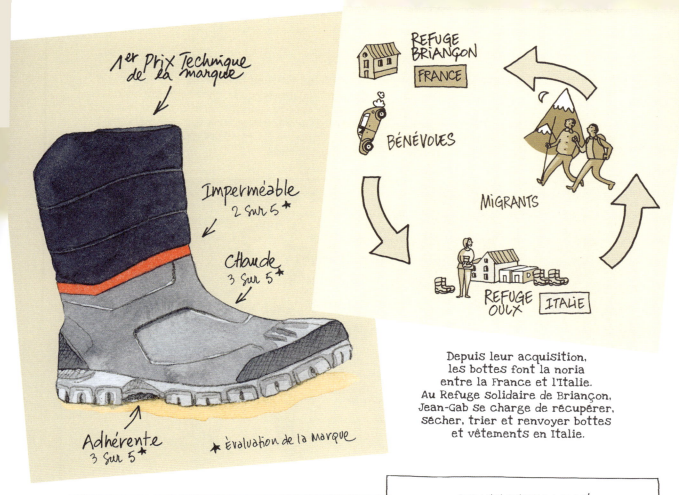

Depuis leur acquisition, les bottes font la noria entre la France et l'Italie. Au Refuge Solidaire de Briançon, Jean-Gab se charge de récupérer, sécher, trier et renvoyer bottes et vêtements en Italie.

CÔTÉ ITALIEN, ON N'EST PAS LES SEULS BÉNÉVOLES ACTIFS. IL Y A AUSSI, À LA SORTIE D'OULX, LA CASA CANTONIERA, UN SQUAT AUTOGÉRÉ OUVERT PAR DES MILITANTS DU RÉSEAU NO BORDER. ON TRAVAILLE PARFOIS AVEC EUX, MAIS NOTRE APPROCHE EST DAVANTAGE INSTITUTIONNELLE. ON EST PLUS DANS LA PRISE EN CHARGE ET MOINS DANS L'AFFRONTEMENT DIRECT AVEC LES AUTORITÉS. EN FAIT, ON EST ASSEZ COMPLÉMENTAIRES.

DON LUIGI CHIAMPO A PASSÉ UN ACCORD AVEC LA PRÉFECTURE. LES CARABINIERS NE VIENNENT PAS DANS LE REFUGE, MAIS NOUS LEUR COMMUNIQUONS CHAQUE JOUR LE NOMBRE DE PERSONNES PRÉSENTES, SANS DONNER LEUR NOM NI LEUR ORIGINE.

Quels que soient les obstacles et les risques encourus, tous ceux qui tentent de rallier la France par Montgenèvre finissent généralement par y arriver. En février 2019, quand Cédric nous raconte son histoire, il s'agit surtout de jeunes hommes venus d'Afrique de l'Ouest. Depuis, des personnes originaires du Moyen-Orient ou d'Afghanistan, dont nombre de familles, tentent quotidiennement leur chance.

IL Y A DES RÈGLES À RESPECTER.
FAIRE LE TRAJET EN GROUPE, SURTOUT SI C'EST UNE PREMIÈRE TENTATIVE, MARCHER EN FILE INDIENNE,
TÂTER LE TERRAIN AVEC UN BÂTON, PARTIR LÉGER AVEC UNE THERMOS DE THÉ CHAUD,
NE PAS FUMER NI PARLER, AVOIR SUR SOI UN TÉLÉPHONE DE SÉCURITÉ ÉTEINT AVEC
UNE PUCE NEUVE ET Y ENTRER LES NUMÉROS DES MEMBRES DU GROUPE, S'ARRÊTER RÉGULIÈREMENT
POUR ÉCOUTER AVANT DE REPARTIR, NE PAS ALLUMER DE FEU.

MOI, SUR LA NEIGE, JE ME SERS BEAUCOUP DES ÉTOILES POUR NAVIGUER.
QUAND VOUS ÊTES LÀ-HAUT, C'EST TELLEMENT CLAIR, TELLEMENT BEAU.

Arrêtées par la police aux frontières (PAF) ou la gendarmerie nationale, les personnes refoulées sont remises à la police italienne. La nuit, la Croix-Rouge se charge de redescendre les exilés vers Oulx.

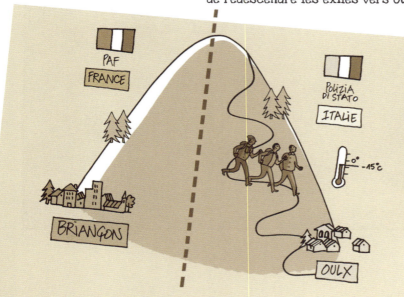

« LA TROISIÈME FOIS A ÉTÉ LA PLUS DANGEREUSE, ON A VRAIMENT CRU QUE L'UN D'ENTRE NOUS ALLAIT MOURIR... »

« J'AI EU PEUR QUAND UN JEUNE S'EST ENFONCÉ PROFONDÉMENT DANS LA NEIGE. »

« IL N'AVAIT PAS PRIS DE BÂTON POUR TÂTER LE TERRAIN ET IL S'EST RETROUVÉ DANS UN TROU EN BORDURE DE LA PISTE DE SKI. »

« NOUS AVONS ESSAYÉ DE LE FAIRE SORTIR, MAIS SANS SUCCÈS. LA NEIGE LUI ARRIVAIT AUX REINS ET PLUS LE TEMPS PASSAIT, PLUS IL PRENAIT FROID. HEUREUSEMENT, J'AVAIS MON TÉLÉPHONE DE SÉCURITÉ. J'AI APPELÉ LA POLICE ITALIENNE, QUI A PRÉVENU LA POLICE FRANÇAISE. J'AI EXPLIQUÉ OÙ NOUS ÉTIONS. »

« ILS SONT VENUS EN MOTONEIGE, L'ONT ATTRAPÉ PAR LES BRAS, UN HOMME DE CHAQUE CÔTÉ, ET L'ONT SORTI DU TROU. J'AI BEAUCOUP PLEURÉ CAR SI J'AVAIS EU L'IDÉE, ON L'AURAIT FAIT NOUS-MÊMES. ON ÉTAIT SI PRÈS DU BUT... »

« J'AI EU PEUR LA PREMIÈRE FOIS QUE LA POLICE M'A ARRÊTÉ, J'AI EU PEUR LES JOURS ET LES NUITS OÙ JE ME SUIS AVENTURÉ SEUL, PEUR D'ÉCHOUER, PEUR DE RENCONTRER DES DIFFICULTÉS INSURMONTABLES. CETTE FOIS-CI, ON S'EN EST BIEN SORTIS, MAIS TOUS N'ONT PAS EU LA CHANCE D'ÊTRE SECOURUS... LE GARÇON ÉTAIT SAUVÉ MAIS NOUS AVIONS PEUR QU'IL SOIT VICTIME DE GELURES... »

Il ne faut pas confondre engelures et gelures.
L'engelure survient quand la température est supérieure à zéro. Cela fait mal !
La gelure apparaît quand la température est inférieure à zéro.

La gelure touche les extrémités du corps (doigts, orteils, parfois nez). C'est une réponse de l'organisme à une exposition prolongée au froid glacial : pour protéger les organes vitaux et les maintenir à la bonne température, il sacrifie les extrémités.
La gelure apparaît de façon insidieuse. Son développement s'accompagne d'une perte progressive de la sensibilité : la lésion s'installe à l'insu de sa victime. Il existe plusieurs stades de gelures (de 1 à 4) : dans les cas les plus graves, les médecins doivent amputer la zone touchée.

Le 7 février 2019 au matin, Tamimou Derman, un jeune homme de 29 ans originaire de la ville de Kpalimé, dans le sud-ouest du Togo, trouve la mort, par hypothermie, sur le bord de la route nationale 94 entre Montgenèvre et Briançon. Il fait partie d'un groupe de 21 personnes qui a quitté Oulx la veille, par une nuit particulièrement froide (-11°C).

Fin janvier 2018, Mohamed Fofana, jeune homme de 28 ans venu de Guinée, meurt d'hypothermie sur le versant italien du col de l'Échelle. Débarqué à Messine en juin 2017, il est passé par un centre d'accueil de la province de Teramo, dans les Abruzzes. Sa trace se perd ensuite jusqu'au 26 janvier 2018, jour funeste où les gendarmes français le refoulent à la frontière. C'est en redescendant vers l'Italie ou en tentant de trouver un autre passage que le jeune homme, souffrant de poliomyélite, se serait perdu et aurait succombé au froid. Ce n'est qu'avec la fonte des neiges que son corps est retrouvé, en mai 2018.

UNE FOIS EN FRANCE, J'AI MARCHÉ 10 KM LE LONG DE LA ROUTE QUI DESCEND EN LACETS VERS BRIANÇON. QUAND UNE VOITURE VENAIT FACE À MOI, JE ME RETOURNAIS ET FAISAIS SEMBLANT DE MONTER. SI ELLE ARRIVAIT DANS MON DOS, JE BAISSAIS LA TÊTE.

ET PUIS IL Y A LES MARAUDES, LA NUIT, DES BÉNÉVOLES GUETTENT LES MIGRANTS POUR LEUR PORTER SECOURS OU LEUR ÉVITER DE SE PERDRE. EUX AUSSI PRENNENT DES RISQUES CAR LES AUTORITÉS CHERCHENT À LES INCRIMINER POUR AIDE À L'ENTRÉE ILLÉGALE SUR LE TERRITOIRE.

MOI JE PRÉFÈRE CONTINUER SEUL, C'EST PLUS SÛR.

Y A DES GENS, LÀ-BAS, DERRIÈRE !

162—XXI **Bottes people**

* LE REFUGE SOLIDAIRE DE BRIANÇON A DÉMÉNAGÉ FIN AOÛT 2021 DANS UN NOUVEAU LIEU, BAPTISÉ LES TERRASSES SOLIDAIRES.

Le Refuge de Briançon, victime de son succès

Briançon, août 2021. Fête pour la réouverture du Refuge, plus haut dans la ville.

Se retrouver au chaud, entouré, bénéficier de soins. À partir de 2017, à Briançon, dans les Hautes-Alpes, le Refuge solidaire, face à la gare, accueille et réconforte le flot de migrants en provenance d'Italie. Quelques jours de transit après l'éprouvante traversée des montagnes. La municipalité divers gauche soutient ce lieu souvent bondé. Malgré les harcèlements policiers ou judiciaires, des centaines de bénévoles se relaient pour offrir une hospitalité rare. Elle se double d'un dispositif médical animé par des soignants, eux aussi bénévoles, coordonné par Médecins du monde avec les urgences de l'hôpital.

À l'été 2020, l'ambiance change. Le nouveau maire LR donne quelques mois au Refuge solidaire pour baisser le rideau. Et l'atmosphère se tend le long de la frontière. Au printemps suivant, une vingtaine de parlementaires dénoncent une *« situation honteuse »*, la *« criminalisation des personnes solidaires »* et d'autres atteintes : *« Droit d'asile piétiné, assistance médicale empêchée, mise en danger d'autrui, séparation de la famille, poursuites abusives… »*

Pour le Refuge, se faire jeter dehors a eu du bon. Un nouveau bâtiment, plus adapté, est trouvé, sur les hauteurs de la ville, trois étages aménagés. Les Terrasses solidaires ouvrent, fin août 2021, un « tiers lieu » financé par des associations, des particuliers et des fonds de dotation.

Épuisés mais pas résignés

Après deux mois d'existence, la structure se retrouve victime de son succès : plus de 200 exilés sont accueillis, pour une jauge maximale de 80. Le 24 octobre, l'association Refuges solidaires interrompt son activité, pour interpeller les pouvoirs publics. Les exilés occupent la gare SNCF, puis un ancien centre de vaccination. Les autorités envoient les forces de l'ordre et renforcent la surveillance à la frontière. Et pour l'accueil des migrants ? Rien, sinon la rue.

L'église Sainte-Catherine les héberge. Provisoire et insuffisant. Cela pousse Médecins sans frontières à donner, le 13 novembre, une tente gonflable chauffée de 50 places, précédemment déployée en Haïti, aux Philippines et au Népal. *« C'est la première fois que cette tente humanitaire est plantée en France pour mettre à l'abri des personnes »*, note l'association briançonnaise Tous Migrants, qui saisit le tribunal administratif de Marseille pour dénoncer la *« carence »* de l'État et réclamer *« des douches, des sanitaires, des Algeco »*. Demande rejetée fin novembre : pour la juge des référés, puisque les associations assurent un accueil, l'État peut s'en désintéresser, même s'il en est chargé par la loi lorsqu'il s'agit de demandeurs d'asile.

Malgré l'épuisement, les bénévoles, locaux ou venus de loin, rouvrent les Terrasses en décembre 2021. Ils accueillent aussi des personnes chez eux et patrouillent en montagne pour éviter des morts, les nuits d'hiver. En quatre ans, plus de 12 000 migrants ont bénéficié de leur aide. **M.H.**

POUR ALLER PLUS LOIN

Treize ans de prison pour un maire italien

C'était presque un saint, le voilà vilipendé comme un démon. Icône de l'accueil des exilés, Domenico « Mimmo » Lucano, maire de Riace (1 800 habitants, en Calabre) de 2004 à 2018, a été lourdement condamné par la justice italienne. Son tort ? Avoir accueilli à bras ouvert des migrants, logés dans des maisons abandonnées, pour lutter contre le déclin inexorable de son village, dépeuplé sous l'effet de l'exode rural. Un modèle de revitalisation inédit. *« Ce village incarne une forme d'hospitalité communale qui inclut, encadre et dépasse le geste individuel de l'hébergement citoyen »*, explique l'anthropologue Michel Agier, dans *Le Monde*.

Mais à partir de 2018, l'extrême droite au pouvoir cherche des noises au maire, proche de la gauche. Le 30 septembre, Mimmo Lucano est condamné en première instance à treize ans de prison pour *« association de malfaiteurs aux fins d'immigration irrégulière, pratiques frauduleuses, détournements de biens publics »*. On lui reproche d'avoir favorisé des mariages blancs et de s'être passé d'appel d'offres pour attribuer la gestion des ordures à des coopératives liées à des migrants. Et surtout, d'avoir *« utilisé le système d'hospitalité au bénéfice de son image politique »*. Il doit restituer 500 000 euros d'aides publiques. Un fort mouvement de soutien a dénoncé cette sanction disproportionnée. À 63 ans, Mimmo Lucano, laissé libre, attend son procès en appel.

Le délit de solidarité existe-t-il ?

Officiellement, le « délit de solidarité » n'existe pas dans le Code pénal. Néanmoins, des bénévoles continuent à être poursuivis devant les tribunaux pour avoir aidé des exilés. En juillet 2018, dans une décision historique, le Conseil constitutionnel, saisi par Cédric Herrou, avait pourtant reconnu la fraternité comme un principe à valeur constitutionnelle. Cette avancée avait conduit à la relaxe de l'agriculteur qui accueillait des migrants dans la vallée de la Roya (Alpes-Maritimes). Malgré cela, les poursuites restent possibles, pour *« aide à l'entrée illégale sur le territoire national de personnes en situation irrégulière »*, et les parquets ne s'en privent pas. La règle s'avère floue : si vous portez secours à un migrant présent en France, vous ne risquez rien. Si vous l'aidez à entrer sur le territoire, vous êtes dans l'illégalité. Parfois, la frontière entre légal et illégal est aussi difficile à tracer que la ligne séparant la France et l'Italie à Montgenèvre (Hautes-Alpes) : quand les maraudeurs français récupèrent un migrant épuisé et frigorifié, ils ne savent pas toujours s'ils sont côté italien (donc dans l'illégalité s'ils le conduisent en France) ou côté français (dans la légalité).

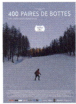

400 paires de bottes
de Hélène Baillot et Raphaël Botiveau
2020
Le court-métrage documentaire (dix-sept minutes), réalisé par les deux auteurs de notre BD, suit le trajet des bottes et leur va-et-vient entre l'Italie et la France aux pieds des exilés. Comment la chaleur de la solidarité combat les rigueurs de l'hiver.

Trouver refuge
de Stéphanie Besson
Éd. Glénat, 2020
L'autrice, pilier de l'association Tous Migrants et accompagnatrice en montagne, a recueilli la parole des migrants et des bénévoles pour raconter l'accueil à Briançon. *« S'entraider au lieu de se barricader : c'est l'alternative »*, écrit en préface Edwy Plenel.

Les Enfants de la Clarée
de Raphaël Krafft
Éd. Marchialy, 2021
Dans la vallée de la Clarée, près de Briançon, de jeunes Guinéens débarquent, en 2017, transis de froid. L'auteur, journaliste, raconte comment ils sont accueillis et protégés. Missionné par les élèves de la vallée, il se rend en Guinée pour découvrir ce qui pousse des ados à risquer ainsi leur vie.

Les réfugiés sont notre avenir !
Collectif
Éd. Ginkgo, 2019
Et s'il n'y avait pas de « crise migratoire », mais une crise de l'accueil ? Les auteurs dénoncent un « racisme d'État » à la frontière et le labyrinthe de la demande d'asile.

/ À LIRE, À VOIR

GAËL GIRAUD

„Les banques sont des endroits dangereux"

PRÊTRE JÉSUITE TENDANCE JAMES BOND, ENRACINÉ À GAUCHE, CE CHERCHEUR EN ÉCONOMIE MATHÉMATIQUE EST EN MISSION CONTRE LE NÉOLIBÉRALISME ET SES DÉRIVES FINANCIÈRES. UN TROUBLE-FÊTE D'AUTANT PLUS REDOUTÉ QU'IL VIENT DE L'INTÉRIEUR.

Propos recueillis par Ève Charrin
Illustration Jules Julien

Dès qu'il peut, Gaël Giraud écoute les variations Goldberg de Jean-Sébastien Bach, *« une révélation »* de ses 20 ans. Cheveux courts comme il faut, petit col et pull marine, il fait penser à Tintin, malgré ses 52 ans et ses traits un peu tirés. À Washington, où il vit, il se lève tôt, parfois à 5 heures, pour enchaîner rendez-vous en visio, recherches, cours et bénévolat dans un foyer de sans-abri proche de l'université jésuite de Georgetown où il enseigne. Il parle vite. Distinctement et avec douceur, mais à toute allure. Dans *Composer un monde en commun* (éd. du Seuil, 2022), il dénonce le capitalisme contemporain et promeut le partage.

Et s'apprête à dézinguer une fois de plus l'orthodoxie néolibérale dans un prochain ouvrage. Directeur de recherches au CNRS en économie mathématique, normalien, Gaël Giraud dirige le programme de justice environnementale à l'université de Georgetown. Ancien analyste financier, il est prêtre jésuite et docteur en théologie. Fier d'avoir créé au Tchad, il y a vingt-cinq ans, un centre d'accueil pour les enfants des rues. Depuis, il mène ses combats dans les hautes sphères plutôt que dans les bidonvilles. Engagé à gauche, il se bagarre contre les lobbies financiers. Depuis Washington, il préside à distance l'Institut Rousseau, think tank d'une gauche soucieuse de concilier *« écologie politique et souveraineté populaire »*. Critique de la présidence d'Emmanuel Macron, Gaël Giraud a rédigé l'été dernier douze propositions pour la France et aimerait que les candidats à l'Élysée s'en emparent. Du coup, son nom a émergé un temps dans le cadre de la Primaire populaire, cette initiative de sympathisants de gauche désireux de désigner un candidat unique à l'élection présidentielle. Galvanisé par sa *« mission »* de prêtre-économiste, prêt à s'exposer pour sauver le monde, il se prend parfois pour James Bond. Entre l'envie de renverser la table et un *« gros syndrome de premier de la classe »*. Un trublion, ambitieux et faussement sage.

Vous êtes économiste, prêtre jésuite, théologien, vous défendez des positions écologistes et de gauche… D'où viennent ces engagements ?

Gaël Giraud : De l'enfance. Mes parents ont reçu une éducation catholique dans la France et la Suisse d'après-guerre. À la fin des années 1960, ils commencent à prendre leurs distances avec l'Église, comme beaucoup de cathos de gauche. Moi, je suis élevé de façon classique avec le catéchisme, la messe. Je suis enfant de chœur à Notre-Dame-du-Lys, dans notre quartier du 15ᵉ arrondissement parisien. Vers 10 ou 11 ans, je me demande quel métier pourrait me permettre, plus tard, d'écouter Bach toute la journée. J'en trouve deux : organiste ou prêtre ! En même temps, je grandis dans une famille soixante-huitarde. Mes parents étaient sur les barricades du quartier Latin, ils ont lancé des pavés, ils ont été aspergés de gaz lacrymogène et embarqués au commissariat. Dans les années qui suivent, ils y croient toujours. Ils sont convaincus que Mai 1968 n'a été qu'une étape, que la génération suivante va aller plus loin. Cette utopie-là se fracasse sur le tournant de la rigueur de la gauche au pouvoir, en 1983 *[changement radical de politique économique caractérisé par l'orthodoxie budgétaire et l'arrimage à l'Europe, ndlr]*. Mes parents jugent que c'est un reniement. À ce moment, je n'ai que 12 ans, mais je comprends que François Mitterrand tourne le dos à l'utopie qui l'a porté au pouvoir. Autour de nous, le postlibéralisme colonise les esprits, beaucoup d'anciens soixante-huitards trahissent leurs idéaux. Pas mes parents, malgré leur réussite sociale. Architecte et peintre, ils vivent de façon sobre. Certes, dans les années 1980, ma mère conçoit la déco intérieure des avions d'Air France, elle décore le restaurant au sommet de la tour Montparnasse. Mais à la maison, on n'a pas la télé, on ne boit pas de Coca-Cola.

À 14 ans, je me sens plus proche d'Ivan Illich *[prêtre, philosophe, fondateur de l'écologie politique dans les années 1970, ndlr]* que de Laurent Fabius, Jacques Delors ou du Michel Rocard pro-business des années 1980. Bien à gauche, donc. J'adore toujours Bach, mais je me révolte contre l'Église.

Dans les années 1970, le photographe américain Larry Fink réalise une série de clichés en forme de miroirs inversés de classes sociales que tout oppose. Baptisée «Social Graces», cette série donne à voir, d'un côté, de riches habitants de Manhattan lors de *parties* dans des lieux huppés; de l'autre, des ruraux de Pennsylvanie, célébrant sans artifice des événements familiaux.
Un carambolage qui prête à sourire.
Et donne à réfléchir.

Vous vous révoltez contre l'Église ? Racontez-nous…

Je découvre qu'un prêtre du voisinage utilise le sermon dominical pour appeler ses ouailles à voter Chirac, leader de la droite aux législatives de 1986. Jacques Chirac, à l'époque, est loin d'être un type sympa. Quelques années plus tard, il dira que les étrangers sentent mauvais, c'est un homme très peu fréquentable ! J'écris au prêtre, en substance : le Christ, oui ; l'Église, non. Je lui ressors ce que je viens d'apprendre en classe, le concordat du Vatican avec Mussolini puis le IIIe Reich, et je lui dis : au fond, ça n'a pas changé. Mal inspiré, il va se plaindre à mes parents qui prennent aussitôt ma défense. J'atterris à l'aumônerie de mon lycée où un prêtre progressiste et barbu joue de la guitare. Rien à voir avec le catéchisme austère auquel

j'étais habitué, je suis accueilli avec des colliers de fleurs. Et je trouve ça nul! Trop cool pour moi. Oui, à l'époque j'ai un gros syndrome de premier de la classe *(Sourire)*. À partir de là, je bouffe du curé. Je connais le caté mieux que mes petits camarades, je les interroge pour les piéger. Je suis réellement en bagarre.

Qu'est-ce qui vous a changé?

Mon oncle, qui est vicaire en Suisse, aumônier des chasseurs alpins et docteur en théologie. J'ai 19 ans, je viens d'entrer à Normale sup en maths, quand il m'emmène marcher en haute montagne. À 4 000 mètres d'altitude dans les Alpes suisses, on contemple des lacs limpides, des paysages magnifiques. Mon oncle a lu Kant, Hegel et Heidegger, il répond à mes questions existentielles. En même temps, il me fait comprendre que la foi chrétienne, c'est d'abord tripal. Il me dit: *« Il faut que tu ailles voir un jésuite en France pour qu'il t'apprenne à prier. »*

Pourquoi les jésuites?

Parce que les jésuites ont une méthode de prière spécifique, les exercices de Saint-Ignace. Une sorte de méditation quotidienne conçue au XVIe siècle par le fondateur de la Compagnie de Jésus, Ignace de Loyola, autour des étapes de la vie du Christ. L'idée, c'est que vous et moi sommes animés par un désir de vie très profond. En termes chrétiens, on peut dire que c'est la façon dont Dieu travaille en chacun de nous. Il faut discerner ce désir (ou Dieu) dans le tumulte de nos pensées quotidiennes, et lui obéir. Je m'y exerce avec un accompagnateur jésuite, lors de retraites organisées en quatre semaines. Il faut laisser de côté son ordinateur et son téléphone portable et observer une période de silence comprise entre trois jours et un mois. Un mois sans parler, ça fait quelque chose. Parfois, on jeûne. On prie. Pour moi, à 19 ans, un horizon spirituel s'ouvre. Je découvre aussi une tradition intellectuelle impressionnante : en France, il y a l'historien Michel de Certeau, le philosophe et résistant Gaston Fessard, le cardinal Henri de Lubac, le théologien Christoph Theobald. Au XXe siècle, la plupart des grands théologiens catholiques sont jésuites.

Plus tard, à 25 ans, doctorat de maths en poche, je dois faire mon service militaire et je choisis la coopération. Par une belle coïncidence, je me retrouve prof de maths et de physique dans un lycée à Sarh, au sud du Tchad, dans une mission jésuite. Là, je rencontre des gens extraordinaires. Des géants. Dans un hôpital de brousse qui est le meilleur du pays, le chirurgien, prêtre jésuite espagnol, opère sept jours sur sept. Il ne prend qu'une semaine de congé par an pour faire une retraite. J'attrape la malaria, je perds 15 kilos, mais je comprends ce qu'est une mission, j'en reste bouleversé.

Ce séjour de deux ans au Tchad marque un tournant ?

Oui. Je rencontre les enfants des rues. Des orphelins, pour la plupart, qui vivent de rapines au souk. Je viens le soir, je leur apporte de la nivaquine contre le paludisme. J'apporte aussi de la nourriture, on mange ensemble. Puis je loue une maison en ruine pour qu'ils puissent se protéger de la police. À l'époque, le régime du dictateur Idriss Déby autorise la police à exécuter sans jugement les voleurs pris sur le fait, ce qui permet en réalité d'éliminer les opposants politiques. Un jour, pour donner le change, les policiers abattent devant tout le monde un orphelin qui a chapardé un morceau de sucre. Terrifiés, une vingtaine de gamins trouvent refuge dans la vieille maison. Ma vocation s'enracine auprès d'eux. J'obtiens un soutien financier du ministère français de la Coopération (qui existait encore à l'époque) et je mets en place un centre d'accueil pour les enfants des rues. Depuis, une quarantaine d'enfants y sont logés et nourris chaque année,

> « À 25 ans, prof de maths dans un lycée au Tchad, dans une mission jésuite, je rencontre des gens extraordinaires. Des géants. »

ils apprennent à lire et à écrire. Certains sont devenus chauffeurs de taxi ou de camion. J'y suis retourné plusieurs fois. Quand je rentre du Tchad, à 27 ans, je veux devenir jésuite.

Pourtant, vous entrez dans la finance…

Je demande à entrer dans la Compagnie. Qui me refuse. Je viens de perdre mon père, on me dit : « *Occupe-toi d'abord de ta mère et de ton frère.* » Je suis admiratif : il y a peu de vocations, pourtant les jésuites n'essaiaient pas de me mettre le grappin dessus, ils veillent vraiment au bien de la personne… Ça me donne encore plus envie de les rejoindre ! Dans l'immédiat, en 1999, j'entre au CNRS comme chercheur en économie mathématique. En même temps, une banque française me propose un poste d'analyste quantitatif en salle de marché, ce qu'on appelle un « quant » : pendant quatre ans, je deviens spécialiste de mathématiques financières pour des traders, à Paris et à New York.

Loin de vos convictions, non ?

À cette époque déjà, je suis à gauche, mais je veux comprendre le capitalisme financier de l'intérieur. Comment porter un jugement péremptoire sur un univers qu'on ne connaît pas ? Aujourd'hui, fort de cette expérience, je me sens parfaitement à l'aise pour critiquer les banques. En 2003, je prends conscience que les produits financiers sur lesquels on me fait travailler sont très dangereux. Ce sont des produits de ce type qui provoquent la crise des subprimes en 2007. Je ne peux pas anticiper une crise d'une telle ampleur, mais je vois que personne dans les banques n'est en mesure d'évaluer le risque de ces produits. Comme si on mettait sur le marché des médicaments dont on ignorerait complètement les effets secondaires ! Je me souviens d'une réunion à Paris avec les quatre premiers dirigeants du Crédit agricole Indosuez. Le gars pour qui je travaille présente de nouveaux produits financiers, j'ai passé cinq jours à préparer les transparents PowerPoint, c'est lui qui parle, moi j'appuie sur la touche « Enter ». Au fil de la présentation, je me rends compte que les quatre banquiers n'y comprennent rien : ils font semblant, ils rivalisent de commentaires stupides. Je saisis à ce moment que les banques sont des endroits dangereux. Quand je signale le danger, on me répond : « *Gaël, on gagne tellement d'argent, viens plutôt faire la fête avec nous !* » On m'invite à dîner, on me sert des grands crus (un montrachet 1971 à Manhattan !), on me propose de devenir trader. Je quitte la banque. Je retrouve mon poste de chercheur au CNRS et en parallèle, en 2004, j'entre chez les jésuites comme novice. Dix ans plus tard, je suis prêtre.

L'économie, la prêtrise, l'engagement politique… C'est beaucoup pour un seul homme !

Ça peut parfois déconcerter, parce qu'on ne sait pas qui s'exprime, le citoyen ou l'homme d'Église. Avant tout, je suis un prêtre jésuite. Donc un homme en mission. Pour le moment, ma mission consiste à promouvoir la question écologique dans la recherche en économie, à orienter la discipline vers les questions de justice environnementale. Le pape François, un jésuite lui aussi, a mis en avant la sauvegarde de notre « maison commune ». Tout le monde n'est pas égal face au dérèglement climatique : les pauvres paient le prix fort, les individus comme les pays. Je suis également un intellectuel engagé : il me paraît aussi important d'alimenter le débat public que de publier des articles universitaires. Un peu comme Greta Thunberg qui, lycéenne suédoise de 16 ans, jugeait crucial d'alerter les Nations unies sur l'état de la planète.

Être jésuite, en quoi ça consiste au juste ?

Les jésuites n'ont pas de paroisse, ils fonctionnent en réseau avec près de 19 000 membres à travers le monde. Concrètement, nous vivons en communauté sous l'autorité d'un supérieur. À Paris, j'ai partagé le quotidien d'une quarantaine de jésuites dans une maison, rue de Grenelle, à côté de Sciences-Po. À Washington, nous sommes quarante dans une résidence sur le campus de Georgetown. Chacun a sa chambre, nous partageons les salles de bains, la cuisine, la salle de séjour, des véhicules… Forcément, il y a de petites frictions, comme dans toute vie de groupe. Par exemple, quand quelqu'un raie une voiture ! Nous avons aussi une chapelle où nous célébrons une messe tous les jours, ensemble. En plus de cette vie communautaire, ce qui nous structure, c'est la mission que nous assigne la Compagnie. La mission, c'est galvanisant ! La hiérarchie me dit : vas-y, tu as carte blanche, on te fait confiance, pour aider les pays du Sud, promouvoir l'écologie… L'écueil, c'est de faire cavalier seul, de se croire le patron et de prendre des risques inconsidérés. L'équivalent du permis de tuer pour 007. Une vraie tentation.

> **La mission, c'est galvanisant ! L'écueil, c'est de faire cavalier seul, de se croire le patron et de prendre des risques inconsidérés.**

Êtes-vous entièrement libre de vous exprimer ?

Pas tout à fait. En 2021, je me sens proche, un moment, d'Arnaud Montebourg, qui propose la sortie du pétrole en vingt ans, une VIe République, une réforme en profondeur des institutions européennes… Je participe à quelques réunions avec son équipe, la Compagnie me dit d'arrêter : je ne dois soutenir aucun candidat, ni commenter les déclarations des uns et des autres dans la campagne présidentielle française. Eh bien, soit… C'est la première fois que ça arrive, signe que je dérange.

Qui dérangez-vous ?

Je ne citerai pas de noms. Ce qui est sûr, c'est qu'un jésuite écolo et progressiste qui s'exprime, ça fait forcément grincer des dents chez des catholiques influents proches de la Compagnie. Il y a une dizaine d'années déjà, j'ai suscité

> **Les « communs », le partage démocratique des ressources, offrent un prolongement heureux à la promesse des Lumières.**

Exemple, la Chine prospère grâce au capitalisme mondialisé, mais bafoue les droits humains. Autre exemple, en Europe, régie par l'économie de marché, l'État de droit régresse dangereusement. On l'a vu dans la Hongrie de Viktor Orbán et la Pologne de Jarosław Kaczyński. Mais finalement, Bruxelles estime que c'est moins grave que de ne pas pouvoir rembourser sa dette aux banques, voyez le traitement réservé à la Grèce. Même en France, des tendances autoritaires apparaissent. La présidence d'Emmanuel Macron est marquée par les violences policières contre le mouvement des « gilets jaunes » en 2018-2019. En 2021, le projet de « schéma national de maintien de l'ordre » rendait possible une répression arbitraire des manifestants [*certaines de ses dispositions ont été annulées par le Conseil d'État. Elles portaient atteinte à des libertés publiques fondamentales, la liberté de la presse, la liberté de manifester, ndlr*]. Parallèlement, le mouvement de privatisation entamé dans les années 1980 devrait se poursuivre. Sans la crise sanitaire, Macron aurait privatisé Aéroports de Paris, la Française des jeux et préparé avec le projet « Hercule » la privatisation partielle d'EDF. Il a d'autres projets, le démantèlement de la Caisse des Dépôts et la privatisation de sections de routes nationales.

l'hostilité. Après la crise des subprimes, j'ai défendu une vraie régulation de la finance. En face, les grands banquiers français et allemands faisaient du lobbying auprès des pouvoirs publics pour défendre leurs intérêts. Les plus influents étaient des catholiques… qui me demandaient personnellement de ne pas m'en mêler. Bien sûr, je n'en ai tenu aucun compte !

Qu'est-ce qui doit changer ?

Notre modèle productiviste financiarisé, fondé sur la surexploitation des ressources humaines et naturelles. Beaucoup l'appellent néolibéralisme. Je préfère parler de postlibéralisme, parce que le capitalisme contemporain ne prolonge pas le libéralisme politique du XVIIIe siècle et la promesse émancipatrice et égalitaire des Lumières. Au contraire, il les trahit. Depuis une quarantaine d'années, c'est la propriété privée qui est érigée au rang de principe absolu, pas la liberté ni l'égalité.

Que faire ?

Je crois qu'il faut refonder nos sociétés sur les « communs », c'est-à-dire le partage démocratique des ressources. Concrètement, les communs, c'est par exemple un chemin, une place publique, une plage, une forêt, un champ, des lieux gérés collectivement selon des règles fixées par délibération. Les anciennes sociétés paysannes fonctionnaient ainsi. Au XXIe siècle, on peut transposer ce type de partage dans de nombreux domaines : la faune halieutique, les nouvelles technologies… Cette utopie offre un prolongement heureux à la promesse des Lumières. C'est aussi la réponse au défi écologique. Un peu partout, la société civile construit déjà des communs, voyez par exemple les monnaies locales. Ou Linux, ou Wikipédia. Je pense aussi à une initiative en matière de santé, peu connue mais très réussie. Dans le cadre du réseau international Drugs for Neglected Diseases Initiative, lancé il y a

presque vingt ans par Médecins sans frontières et l'Institut Pasteur, des ONG, des États, des labos pharmaceutiques mettent en commun la recherche sur des médicaments pour lesquels il n'existe pas de clientèle solvable. Et ça marche. En Afrique, en Asie, en Amérique du Sud, des millions de gens guérissent de la malaria, de la maladie du sommeil ou de l'hépatite C grâce à la commercialisation de médicaments à très bas prix. Le défi, c'est de construire les institutions qui fabriquent des communs.

Quel rapport avec le christianisme?

Le christianisme offre des ressources spirituelles pour penser et vivre autrement. Dans les *Actes des Apôtres*, le cinquième livre du Nouveau Testament, il est écrit que l'Église primitive *« mettait tout en commun »*. Le partage des ressources est le geste primordial de la communauté chrétienne. C'est bien loin du projet postlibéral, et très proche de ce qui s'invente aujourd'hui autour des communs. L'usage des communs suppose la délibération, et ça fait aussi partie de l'expérience chrétienne. On en trouve une illustration frappante dans l'Évangile selon saint Luc et dans les *Actes des Apôtres*. Après sa mort, le Christ ressuscite, et les apôtres lui demandent s'il va monter sur le trône de David, chasser les Romains, libérer Israël et prendre le pouvoir. Eh bien non, il donne une réponse énigmatique : *« Il ne vous appartient pas de connaître les temps qui ont été fixés de toute éternité par le Père, mais une puissance vous sera donnée. »* Sur ces mots, il disparaît. En somme, le Christ laisse vide la place du roi, il refuse d'incarner une souveraineté absolue et définitive, il nous invite à nous débrouiller seuls, à inventer

nos institutions politiques. Le christianisme est fondamentalement démocratique.

Tous les catholiques ne partagent pas ce point de vue…

C'est vrai, certains sont proches de l'extrême droite, hostiles à la démocratie et à l'écologie. Les catholiques ne sont pas immunisés contre les courants qui travaillent nos sociétés.

En 2021, le rapport Sauvé a évalué à 216 000 le nombre de personnes agressées sexuellement par un prêtre depuis les années 1950 en France. Comment vivez-vous cette réalité?

La commission Sauvé a fait un boulot remarquable. C'est salutaire pour l'Église. Il faut saisir cette occasion pour demander pardon aux victimes, imposer la transparence sur ces affaires, mettre en place des mesures préventives et contraindre à la démission les évêques qui ont couvert ces crimes.

Avez-vous été choqué par ces révélations?

Je connais Jean-Marc Sauvé, nous en avons parlé depuis plus d'un an. Je n'ai donc pas été surpris, plutôt accablé.

Prêtre, c'est un engagement très fort. Vous renoncez à la vie de couple, à la famille. Avez-vous hésité?

Oui, très longtemps. Je suis tombé amoureux. À 30 ans, le célibat pose évidemment question. C'est un choix dur, il faut le reconnaître. Je n'aurai pas d'enfants. Mais la mission exige une liberté et une disponibilité que je n'aurais pas si je devais m'occuper d'une famille. Enfin, c'est ce que je crois.

LRRY FINK

Faut-il selon vous revenir sur le célibat des prêtres ?

Je suis favorable au mariage des prêtres, c'est une grande tradition de l'Église. Jusqu'au IVe siècle, seuls les hommes mariés peuvent être ordonnés prêtres : avant de leur confier la responsabilité d'une communauté de fidèles, il faut vérifier qu'ils sont de bons pères de famille. Jusqu'à la réforme grégorienne de la fin du XIe au début du XIIe siècle, qui leur impose le célibat, beaucoup de prêtres sont mariés. Et même après. Au XVIe siècle, en Creuse, l'Église envoie de Paris des prêtres célibataires pour remplacer les prêtres-paysans locaux, mariés et pères de famille. Les paroissiens se révoltent, c'est le début de la déchristianisation dans la région. Le célibat des prêtres est une mesure récente à l'échelle de l'Église, huit siècles seulement ! Rien, dans les Écritures, ne la justifie.

Vous ne vivez plus avec les enfants des rues au Tchad. Vous enseignez à l'université à Washington, vous fréquentez les cercles de pouvoir…

Ce rapport au pouvoir est une grande tradition jésuite depuis le concile de Trente (1545-1563). Un quart de siècle après sa fondation (en 1534), la Compagnie envoie au concile ses théologiens. Dans la journée, ils participent aux débats. Mais suivant les prescriptions du fondateur, Ignace de Loyola (mort en 1556), ils passent la nuit à l'hôpital pour aider les malades. Ce va-et-vient entre le pouvoir et les pauvres est constitutif de notre identité jésuite. Quand je rentre du Tchad, je pense : je suis très heureux avec les enfants des rues, je me sens utile, j'ai envie de vivre cette vie-là. Mais en deux ans, je n'ai aidé qu'une trentaine de gamins. Depuis la création du centre d'accueil, peut-être que six cents enfants abandonnés en ont bénéficié. Une goutte d'eau par rapport aux millions d'enfants des villes chaotiques du Sud. D'où l'envie d'agir sur les structures, sur les racines de la pauvreté. Pour ça, il faut parler aux gens qui se trouvent au sommet de la hiérarchie, changer leur perception. Le risque, c'est de devenir soi-même un homme de pouvoir, happé par la structure et finalement complice. Ça arrive assez souvent.

> **Il faut parler aux gens situés au sommet de la hiérarchie. Le risque, c'est de devenir soi-même un homme de pouvoir, complice.**

Je cours ce risque, comment faire autrement ? Si vous avez une solution, je suis preneur !

De 2015 à 2019, vous êtes chef économiste à l'Agence française de développement, qui finance des projets en Afrique et dans d'autres pays du Sud sous le contrôle de Bercy et du Quai d'Orsay. Une enquête de *Mediapart* a révélé, en 2021, que l'AFD soutenait des entreprises qui bafouent les droits humains. Êtes-vous alors en porte à faux avec vos valeurs, happé par des logiques de pouvoir ?

La réponse est oui, évidemment. Mais je garde des liens d'amitié avec certains collègues, alors je préfère éviter d'en parler en public. J'ai quitté l'Agence française de développement pour ne pas cautionner certains projets imposés par l'Élysée. À Rome, en février 2020 au début de la pandémie, je passe un mois en mission dans un foyer de réfugiés.

« En France, les gens n'ont pas conscience des pénuries à venir. Aujourd'hui, il est encore temps de créer une banque publique de l'eau. »

La journée, je suis avec eux, je cuisine pour eux (je finis par attraper le Covid). Le soir, j'enfile un costume et je traverse une ville morte pour me rendre chez l'ambassadrice de France auprès du Saint-Siège, dans la magnifique villa Bonaparte. Le contraste entre les deux univers me saisit. J'essaie de faire le lien, je lui parle de la question des réfugiés. Ici à Washington, je passe deux ou trois heures par semaine dans un centre d'accueil de sans-abri. Là aussi, je cuisine, je sers à manger, je discute. Ces gens cabossés par la vie me rappellent la réalité du monde social : c'est pour eux que je travaille.

En 2021, vous publiez douze propositions pour la France. Laquelle vous paraît la plus cruciale ?

Mettre sur pied une banque publique de l'eau. Les travaux du World Resource Institute, un think tank de Washington, montrent qu'on pourrait perdre 40 % d'accès à l'eau potable en France en 2040. Peut-être davantage dans le sud de l'Europe. L'Espagne et le Portugal construisent déjà des usines pour désaliniser l'eau de mer. En France, les gens n'ont pas conscience des pénuries à venir. Certaines zones rurales sont déjà touchées pendant les sécheresses estivales. Ensuite, ce sera le tour des villes. Il y aura des ruptures d'alimentation. Or aucune agglomération ne peut vivre sans eau, même pas une journée ! Va-t-on vers un monde où les plus aisés se font livrer l'eau potable par camion-citerne comme en Inde ? Là-bas, les foyers les plus modestes doivent détourner des tuyaux ou boire de l'eau malsaine. En France, il y aurait des émeutes. En 2010 déjà, je contribue à une étude sur la question commandée par Veolia. Avec l'économiste Alain Grandjean, nous concluons qu'il faut 30 milliards d'euros pour réhabiliter les infrastructures d'adduction en milieu rural. Il y a des fuites, un gaspillage colossal. Comment trouver 30 milliards ? Nous proposons à Veolia de créer une banque privée de l'eau, mais ça ne donne rien. Aujourd'hui, il est encore temps de créer une banque publique de l'eau. La Banque publique d'investissement (BPI) pourrait le faire, mais elle est ligotée par Bercy qui n'en voit pas l'intérêt, c'est-à-dire la rentabilité.

Vous avez déjà proposé une mesure plus audacieuse : limiter les écarts de salaires de 1 à 12. Vous n'en parlez plus, pourquoi ?

Cette mesure est nécessaire, plus que jamais. Si j'étais candidat, je l'inscrirais à mon programme. Actuellement, dans les grandes entreprises privées, les écarts de salaire s'envolent dans un rapport de 1 à 1 000. Les cadres dirigeants qui gagnent plusieurs centaines de milliers d'euros par mois se désolidarisent complètement des employés payés au Smic, comme s'ils ne vivaient plus dans le même monde. Un rapport de 1 à 12 paraît raisonnable. Il est d'ailleurs en vigueur dans la fonction publique, en dehors des primes d'expatriation. Réduire l'éventail des salaires empêcherait les cadres supérieurs et dirigeants de faire en quelque sorte sécession. Ça correspond à une demande sociale : même parmi les plus diplômés, j'observe que la jeune génération ne rêve plus

aujourd'hui de ces salaires mirobolants. Avec mon amie la philosophe Cécile Renouard, nous avons formulé et développé cette idée dans un livre, *Le Facteur 12*, écrit et publié il y a dix ans (éd. Carnets Nord). Mais je crois que ce n'est pas le bon moment pour en discuter. La question de la distribution salariale enferme la gauche. Je ne voudrais pas amener un candidat (ou une candidate) de gauche à prendre des positions qui seraient immédiatement disqualifiées par les grands médias.

Comment mettre en œuvre une telle mesure ?

C'est simple. L'État ne toucherait pas directement aux salaires. Il ferait du « facteur 12 » une condition requise pour toute entreprise qui répond à un appel d'offres public. L'État et les collectivités imposent déjà des critères d'éligibilité, comme des quotas d'emplois de personnes handicapées. Beaucoup d'entreprises ont besoin des commandes publiques. Dans un premier temps, on pourrait imposer un éventail de 1 à 100, puis passer de 1 à 50. Il faudrait y aller de façon progressive, en donnant de la visibilité aux entreprises pour qu'elles s'adaptent.

Finalement, vous n'êtes pas si radical ?

Quand je suis rentré du Tchad, j'ai retrouvé à Paris de vieux amis, des marxistes, qui passaient leurs soirées dans leur chambre à parler de la révolution. En hommage à Fidel Castro, ils fumaient des cigares cubains. Ça ne me satisfait pas du tout ! Mieux vaut penser une alternative désirable et proposer des mesures constructives pour y parvenir. N'attendons pas le Grand Soir pour mettre en place une banque de l'eau. C'est ça, la vraie radicalité.

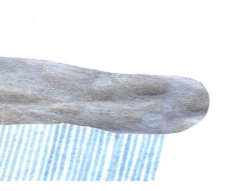

"Mo et moi"

AU LYCÉE, ILS S'AIMAIENT. ELLE, LA FILLE D'UNE FEMME DE MÉNAGE PORTUGAISE, LUI, LE FILS D'UNE KABYLE CULTIVÉE. QU'EST-CE QUI A DÉRAILLÉ ?

Par Patricia Neves
Illustrations Laura Kientzler

Je ne sais pas quand les mensonges ont commencé.

Sans doute à l'adolescence. À l'époque et longtemps après, dans mon journal intime, je décris mon quotidien avec une fausse précision de fonctionnaire de police. Le 21 juin 2007, j'écris : « *23 h 30, je suis sortie place Ravignan. Il y avait tout le monde.* […] *Mais le meilleur de la soirée, je l'ai passé avec Mo. Il m'a rappelée vers 3 heures du matin. Pour la première fois, on a escaladé les grilles du Sacré-Cœur.* » J'ai 18 ans. Je viens de passer mon bac. Je suis amoureuse de Mo, mais je n'écris jamais son prénom en entier, au cas où quelqu'un tomberait sur mon journal. Je passe sous silence ce qu'il s'est passé cette nuit-là. Je ne dis pas que Mo est complètement sonné. Qu'il est habillé tout en blanc. Qu'il a dû changer de vêtements à la hâte parce que les siens étaient tachés de sang. Qu'il a été mêlé à une bagarre. Que son frère a poignardé quelqu'un. Je ne dis pas non plus qu'on a fait l'amour sous les étoiles, dans les jardins de Montmartre. J'écris : « *On était bien.* » Je ne pose pas de question. J'efface le sang que Mo avait sur lui.

Depuis dix ans, je tourne autour de ce souvenir. J'aurais pu demander à Mo pourquoi ses vêtements étaient tachés de sang, mais je ne l'ai pas fait.

Je n'y ai même pas pensé. J'accepte alors à peu près tout de lui, ses silences, ses appels en pleine nuit, ses retards. Dix minutes, trente, parfois une heure. Pour le voir, je fais le mur. Je mens à mes parents. Je rentre à 3-4 heures du matin, ils n'en savent rien. J'ai école le lendemain, mais j'attends que Mo m'appelle.

Au printemps 2019, j'ai 30 ans, une vie rangée, sans histoires. Après un parcours modèle, bac+6, je suis journaliste, le boulot de mes rêves. Mon compagnon est un écrivain américain, on vient de se marier. On vit dans un appartement lumineux, à Montmartre, pas loin du Sacré-Cœur. Je repense à cette Fête de la musique 2007. Je me demande souvent pourquoi je suis restée cette nuit-là. Pour le travail, je suis régulièrement passée au tribunal, j'ai couvert des procès pour une grande rédaction. Les jugements sont publics, je peux accéder à ceux de Mo. J'en demande une copie, pour réparer l'oubli. Elle arrive par la poste. Dans mon salon, sous les moulures, devant la cheminée en marbre, je regarde la grosse enveloppe marron et mon passé.

L'adolescence a une odeur de pelouse mouillée.

À Montmartre, Mo et moi on traîne au square de la Turlure ou à Pigalle, près du cabaret de Michou, avec des travestis qui se prostituent. À l'école, il y a deux groupes. Ceux qui habitent derrière la butte, du côté de Lamarck-Caulaincourt, dans d'immenses appartements avec moulures et cheminées. Et puis il y a les autres. On ne dit pas les « *riches* », « *les bourges* », ou les « *pauvres* », les « *cas sociaux* ». On ne parle pas de ça. Montmartre, d'une certaine façon, nous réconcilie, à cette époque. À nos yeux d'adolescents, il n'y a qu'une catégorie, bien plus importante que le compte en banque des parents, le groupe des « *populaires* ». Mo en fait partie, dans le rôle du « *mauvais garçon* », sportif et joueur d'échecs. Il a tout pour réussir au milieu des fils de profs, de journalistes et de médecins. Il ne fait pas de violon ni d'équitation, mais, le samedi à la capoeira avec les « *fils de* », Mo excelle sur le trampoline avec ses flips. Je le regarde s'envoler.

Dans sa famille, une lignée d'intellectuels algériens, on rappelle que la mère a été l'une des premières femmes kabyles admises à l'université, une fierté. À Tizi Ouzou, elle étudie la littérature, lit Musset, devient prof de français. Le père étudie à Oxford. À Paris, il est absent. La famille loge dans un hôtel social, au milieu de la bourgeoisie montmartroise. Une chambre vétuste pour cinq. Je suis attirée par la solitude de Mo. Sans doute que je me reconnais en elle.

Ma famille vient d'un petit village dans les collines, au Portugal. Ma mère n'a pas fait d'études, elle s'est enfuie dès qu'elle a pu. Sur le mur de la cuisine, chez ses parents au village, il y a encore une tache ovale, vestige d'une assiette que mon grand-père a balancée. Personne n'a nettoyé la tache. Ma grand-mère, très catholique, pense que la violence de son mari est la volonté de Dieu. Ma mère, qui a assisté à tout, n'en est plus si sûre. Quand elle arrive à Paris avec mon père, ma mère a une trentaine d'années, elle ne parle pas un mot de français. Moi non plus. J'ai 3 ans. À l'école, j'apprends vite, j'intègre le groupe des bons élèves, celui des « *riches* ». À l'époque, on vit avec mes parents et mon grand frère dans un deux-pièces

> « Dans mon salon, sous les moulures, devant la cheminée en marbre, je regarde la grosse enveloppe marron et mon passé. »

minuscule, vétuste, près du Sacré-Cœur. Aux copains je ne dis pas que ma mère fait des ménages, qu'elle est la fille d'un paysan. Qu'elle vient de se faire opérer du canal carpien, que ses mains sont abîmées par le travail. On est pauvres, Mo et moi, mais à l'école, on a du succès. Personne ne questionne les « *populaires* », même quand ils commencent à décrocher.

À 14 ans, Mo se lance dans de petits trafics.
Il fait équipe à Pigalle avec un travesti qui, dans sa chambre de bonne, lui sert de nourrice *[personne qui garde les stupéfiants ou autres objets des trafics, ndlr]*. Devant le collège, la police fait des rondes. Elle ne fouille que les Noirs et les Arabes. « *Contrôle d'identité.* » Les autres regardent. Je regarde Mo. Il est contre le mur.

Il a 20 ans quand il est interpellé, peu après la Fête de la musique, en août 2007. Lors d'une parade d'identification, Mo porte le n° 4, détaille le jugement. Son frère, le n° 3. Ils sont « *formellement reconnus* », explique un policier. Le n° 4, Mohamed, « *est celui qui m'a porté un coup de couteau au niveau de mon bras droit* », assure la victime, qui précise : « *J'ai pu apercevoir un cran d'arrêt.* » Mo est reconnu coupable de « *violence aggravée* ». Il part en prison. J'ai 18 ans, je passe la semaine dans le quartier Latin, à la Sorbonne, où j'étudie la littérature.

Le week-end, je vais voir Mo en prison, sans savoir qu'il a blessé quelqu'un d'un coup de couteau. Dans le bus pour la maison d'arrêt de Fleury-Mérogis, la plus grande d'Europe, je lis Laclos, *Les Liaisons dangereuses*. Je suis tellement absorbée par la confession de la marquise de Merteuil, lorsqu'elle tombe le masque, que je loupe l'arrêt. Je finis au terminus, dans les champs de blé. J'arrive juste à temps pour le parloir. J'attends Mo derrière une vitre. J'entends les pas des matons et le bruit des clefs. Des portes claquent. Des gens crient. Je reste immobile, enfermée dans une pièce minuscule, sale, à peine plus grande qu'une cabine téléphonique. À côté, d'autres « *femmes de détenus* » attendent, dans d'autres cabines. Je voudrais leur parler, mais j'ai peur du miroir qu'elles me renvoient. Je les retrouve plus tard, au centre de détention pour les longues peines où Mo a été transféré. On dirait un groupe de copines. Dans le train, je les reconnais à leurs gros cabas de linge. La semaine, elles font les lessives de leurs hommes qu'elles parfument soigneusement. Je viens tous les week-ends. Je ne parle à personne et personne ne me parle. Je réalise pour la première fois que je ressemble à une Française.

L'hiver, au centre de détention, il fait nuit noire. La route jusqu'à la gare, après le parloir, n'est pas éclairée. La gare se situe à une bonne demi-heure à pied. Il n'y a aucun transport public. Comme je n'ai pas de voiture et que je ne fais pas partie du « groupe des copines », je marche dans l'obscurité. Mo me demande de faire rentrer du shit, pour lui, en prison. Je refuse. Au parloir, il ne m'adresse plus la parole. Je lui apporte des échantillons de parfums. Il m'en a demandé. Je ne m'occupe pas du linge, mais je remplis mon rôle de « *femme* », j'apporte le parfum. Les surveillants interceptent les échantillons. Mo a oublié de les cacher

> « J'ai 18 ans, je passe la semaine dans le quartier Latin, à la Sorbonne, où j'étudie la littérature. Le week-end, je vais voir Mo en prison, sans savoir qu'il a poignardé quelqu'un. »

au moment de la fouille. Au parloir, les remises en mains propres sont interdites. Les surveillants m'interpellent devant tout le monde. «Le groupe des copines» me regarde. La Française va être sanctionnée.

Je reçois un avertissement. Mo insiste pour la barrette de shit. Je cède. Avant de refuser à nouveau. Mo annule mon permis de visite. Longtemps, j'ai cru pouvoir échapper avec lui au déterminisme social, à la fatalité d'être né ou d'avoir été relégué en bas. Mais plus j'avance, plus je m'éloigne. Je me retourne, je voudrais l'emmener avec moi. Je deviens définitivement un cliché, le fameux « *produit de la méritocratie républicaine* », la fille « *défavorisée* », « *issue de l'immigration* » qui s'en sort. Derrière la réussite, il y a pour moi une mécanique d'auto-destruction, d'effacement, de solitude.

Aussi loin que je me souvienne, je me suis toujours sentie coupable.

Chez moi, les diplômes m'ont donné presque tous les droits. Celui de mentir, de faire n'importe quoi. Ma mère a appris pour la prison, par accident, en tombant sur un courrier de la maison d'arrêt, mais c'était entendu entre nous de ne pas en parler. Elle est devenue complice de mes mensonges, elle a caché Mo à mon père, à ma famille. Ce qui la blessait, c'est que je la cache, elle. Enfant, dans la rue à Paris, je ne lui donne jamais la main. À cette époque, elle porte un petit sac en plastique avec ses gants de ménage et les trousseaux de clefs de tous les appartements à nettoyer dans la journée. J'ai beau réfléchir, je ne vois pas quel mensonge crédible je peux inventer pour expliquer aux copains français la présence d'autant de clefs dans son sac. Ma mère est blessée par mon rejet. Elle me le reproche. Je ne supporte pas la peine que je lui cause. Je me le fais payer.

À l'adolescence, je ne mets pas de mots sur tout ça. Je me laisse couler avec Mo. Je n'ai pas conscience du nombre de fois où j'aurais pu être arrêtée, moi aussi. Je me souviens de rouler sans casque à Montmartre, sur un scooter peut-être volé, peut-être sans permis. Je me souviens d'un bruit froid, un objet métallique qui roule sur le sol avant que Mo ne l'emporte. Peut-être un pistolet à air comprimé. Je me souviens des appartements de nourrices, où j'ai dû laisser mes empreintes. Je n'étais pas mêlée aux trafics de Mo, je n'en connaissais pas les détails, ni parfois l'existence. Je ne posais pas de questions. Je me mentais à moi-même. Dehors, mes mensonges ont sauvé les apparences. J'étais la fille modèle ; dedans, c'était la prison pour moi aussi.

Au début des années 2010, dans ma grande rédaction, je crains d'être démasquée. Je n'ai pas fait de grande école, j'apprends sur le tas. J'ai du mal à trouver ma place, littéralement. Au journal, j'empile mes livres sous mon bureau, j'essaie d'occuper le moins d'espace possible, jusqu'à ce que mon rédac chef me dise : « *Tu sais, tu as le droit d'avoir une armoire.* » Dans sa cellule, Mo rattrape les années perdues. Il lit une encyclopédie, apprend le russe avec ses codétenus tchétchènes, fait de la boxe, cuisine, côtoie des islamistes, découvre Harry Potter à la bibliothèque, fait ses prières et roule des joints. Il a des mains de fumeur et quasiment pas d'ongles. Je les reconnais à ça et à leur rougeur. Il avait toujours les mains rouges parce qu'il restait des heures, dehors, dans le froid. Après notre rupture, il continue de m'appeler de temps en temps, avec son smartphone interdit en prison. Puis de moins en moins. En détention, il a rencontré une femme sur Internet. La femme idéale, celle dont il rêvait adolescent, « *une musulmane aux yeux bleus* ».

Je ne revois Mo qu'en janvier 2016, après qu'il a purgé toutes ses peines. Six ans de détention en tout, par intermittence, pour une série de délits : violences en récidive, stupéfiants, port d'arme prohibée. Dans mon nouveau journal intime, j'écris : « *J'ai marché dans la rue jusqu'à lui. Il a tendu la joue. On s'est fait la bise. C'était aussi simple que ça.* » Je continue de mentir à ce journal. En réalité, les retrouvailles sont compliquées. Je vis avec un autre homme, mon écrivain. Je m'en veux d'avoir laissé tomber Mo, j'ai l'impression de l'avoir abandonné. Peut-être que je l'aime encore un peu, ou que j'aime quelque chose de notre adolescence, cette liberté ou cette illusion de pouvoir s'échapper, de tout foutre en l'air. Il refait sa vie, avec son épouse. Il ne me donne plus de nouvelles.

En 2018, Mo est menacé d'expulsion du territoire sous trente jours.
Il ne m'en parle pas. Sa mère ou sa sœur me préviennent. Mon compagnon lui trouve un avocat. J'ai de nouveau peur pour Mo, comme si j'avais 18 ans. Il ne demande pas mon aide, mais c'est plus fort que moi, je veux le sauver. La procédure, jugée abusive, est annulée. Peu après, Mo me donne rendez-vous dans une maternité de banlieue. Il me récupère à la gare, dans sa voiture cabossée. Au service des grands prématurés, il me demande d'attendre derrière une vitre. J'aperçois ses mains sans ongles remonter les stores, de l'autre côté. Mo a enfilé une blouse bleue. Il s'apprête à prendre dans ses bras une nouveau-née : sa fille. À côté, son épouse musulmane aux yeux bleus tient un second nourrisson. Des jumelles. Image parfaite d'une famille heureuse.

Un jour au téléphone, pendant la pandémie, on reparle de la prison. Mo ne sait pas que j'ai demandé une copie de ses jugements. Il me dit : « *Si t'es partie, c'est parce que je suis arabe, hein ?* » Il dit que, tout bien réfléchi, il ne veut plus nécessairement vivre avec une musulmane.

Aujourd'hui, à 34 ans, il continue la boxe, envisage de s'inscrire à des compètes, rêve de devenir pro. Il n'a jamais trouvé un travail stable. Moi, je m'étais juré de ne pas devenir à nouveau une immigrée, de ne jamais quitter Montmartre. Et puis, mon compagnon a dû rentrer aux États-Unis. Alors, moi aussi, j'ai fait ma valise. 📖

> « Je m'en veux d'avoir laissé tomber Mo. Peut-être que je l'aime encore un peu, ou que j'aime quelque chose de notre adolescence, cette liberté ou cette illusion de pouvoir s'échapper, de tout foutre en l'air. »

Onze nouvelles d'un évaporé

ÉCRIVAIN ESPAGNOL LE PLUS LU APRÈS CERVANTÈS, CARLOS RUIZ ZAFÓN EST MORT EN 2020, QUATRE ANS APRÈS SON DERNIER ROMAN. *LA VILLE DE VAPEUR*, RECUEIL DE ONZE NOUVELLES POSTHUMES, NOUS REPLONGE DANS SON UNIVERS LABYRINTHIQUE.

À quel moment Carlos Ruiz Zafón posa-t-il ces mots sur le papier ? Se savait-il condamné par la maladie ? « *Le proverbe dit qu'un homme doit marcher tant qu'il a encore des jambes, parler tant qu'il lui reste de la voix et rêver tant qu'il conserve encore l'innocence, parce que tôt ou tard il ne pourra plus se tenir debout, il manquera de souffle et il ne désirera plus d'autre rêve que la nuit éternelle de l'oubli.* » Ainsi s'ouvre l'une des onze nouvelles posthumes de *La Ville de vapeur*. Le célèbre romancier ibérique, de renommée mondiale, a été emporté en juin 2020 par un cancer, à l'âge de 55 ans. Cette compilation, publiée en 2021 chez Actes Sud, se lit comme un « *acte de reconnaissance envers les lecteurs* », selon la préface signée par son éditeur espagnol. Reconnaissance envers tous ceux qui scellèrent avec lui un pacte de fidélité, de son premier best-seller, *L'Ombre du vent* (2001), traduit en 36 langues et vendu à des millions d'exemplaires, à son dernier roman, *Le Labyrinthe des esprits* (2016).

Par Delphine Minoui
Grand reporter franco-iranienne spécialiste du Moyen-Orient, elle est l'auteure des *Passeurs de livres de Daraya* (Éd. du Seuil, 2017).

Pour le bonheur de ses admirateurs, ces nouvelles qu'il avait toujours rêvé de rassembler sont pour la plupart inédites. Elles offrent une dernière apparition aux héros de sa fameuse tétralogie à suspense « Le Cimetière des livres oubliés » : les Sempere, libraires de père en fils, passionnés d'œuvres oubliées qu'ils décident d'exhumer ; Andreas Corelli, mystérieux éditeur parisien, mi-ange, mi-démon, aux intentions douteuses ; David Marti, journaliste et aspirant écrivain, dont les déboires virent au thriller dans *Le Jeu de l'ange* (2008).

La Ville de vapeur
de Carlos Ruiz Zafón
Éd. Actes Sud, 2021

Les néophytes plongeront avec étourdissement dans l'univers énigmatique de Zafón, où se croisent romanciers maudits, photographes sans fortune, bâtisseurs visionnaires et figures fantomatiques. En filigrane, c'est un peu l'auteur qui se cache derrière chaque histoire. Lui, le natif de Catalogne, fils d'un agent d'assurances et d'une femme au foyer, gamin modeste et curieux, inspiré dès l'enfance par la gothique Barcelone, « *ville de vapeur* » qui lui donna le goût du grand, du beau, du merveilleux. Une cité à laquelle il doit tout : la curiosité pour les arts, la lecture, les musées – et où il ne cessa jamais de revenir, même après son départ dans les années 1990 en Californie, où ses yeux se sont fermés le 19 juin 2020. Lui qui signa son premier roman dès l'âge de 14 ans s'est longtemps cherché avant de devenir l'écrivain espagnol le plus lu après Cervantès et son célèbre Don Quichotte, travaillant dans la publicité ou écrivant pour la jeunesse. Un vagabondage à l'image de ses personnages, écrivains damnés et architectes un peu fous qu'on retrouve au fil de ruelles jalonnées de tours lanternes et de bâtiments soutenus par des arcs-boutants.

Le deuil, thème récurrent de cette œuvre posthume, irrigue ces petits récits au parfum de contes. Ici, un orphelin raconte la mort en couches de sa mère. Là, un homme affecté par la perte de son épouse terrorise toute la ville le soir de Noël. Derrière la brume et les obstacles, comme ceux qui empêchèrent Gaudí d'achever sa Sagrada Familia, l'espoir resurgit toujours par petites touches de couleurs : « *Il pressentait*, écrit-il à propos d'un de ses personnages, *que si la vie n'était pas un songe, elle était tout du moins une pantomime où la cruelle absurdité du récit coulait toujours en privé, et qu'il n'existait entre ciel et terre une meilleure ni plus efficace vengeance que de modeler la beauté et l'esprit à coup de mots pour trouver du sens dans la folie des choses.* »

Ode à la vie ou acceptation résignée de la mort, ces nouvelles sont un baume. Qu'on soit croyant ou athée, fataliste ou déterminé face aux incertitudes de notre quotidien, elles réveillent en nous l'enfant qui explore sa part de merveilleux grâce au pouvoir enchanteur des mots. Ceux qui se cachent au fond d'un labyrinthe de livres dont il faut à tout prix sauver les plans, comme dans la nouvelle « Rose de feu ». Ceux qui, dans « Blanca et l'adieu », offrent à un jeune homme le courage nécessaire pour gagner l'amitié d'une fillette en lui racontant des histoires. « *J'aurais donné ma vie entière pour que cet instant ne s'évanouisse jamais* », confesse David, le jeune narrateur. On croirait entendre Carlos Ruiz Zafón.

JEANNE MACAIGNE

La colère est là

DANS LA PRESSE, À LA RADIO, SUR LES RÉSEAUX SOCIAUX, LEURS MOTS RACONTENT LES COMBATS D'AUJOURD'HUI.

Morceaux choisis par Delphine Saltel

Courageuse

« Vingt-huit ans après, la plainte d'une jeune femme que je ne connais pas est venue réveiller le souvenir enfoui de ces minutes poisseuses. C'est un classique des affaires de viol : on se tait jusqu'à ce que d'autres aient besoin de vous. On parle pour que justice se fasse. Je sais les risques que je prends à parler à visage découvert ; qu'on invoque "une quête inconvenante de notoriété" ; qu'on laisse entendre que j'aurais quoi que ce soit à gagner à me faire passer pour une victime. Voir ma photo à côté de la sienne me réduira à ces minutes poisseuses.

Chaque fois, ce sera une pièce de plus dans la machine à taire qui renforce si activement la forteresse de l'impunité. Les gens qui m'aiment savent. Mes enfants m'encouragent à parler, certains de mes amis, à me méfier. Si je ne peux pas témoigner aujourd'hui, qui le pourra jamais ? »

HÉLÈNE DEVYNCK, JOURNALISTE
QUI ACCUSE PATRICK POIVRE D'ARVOR DE VIOLENCES SEXUELLES, *LE MONDE*, 16 MARS 2021.

Miroir, mon vieux miroir

« En fin de carrière, je pourrais laisser tomber toutes ces luttes, me dire que trente ans à se battre pour un système de santé digne, c'est aussi trente ans de mouron à regarder la situation s'envenimer. Mais je veux pouvoir me regarder en face jusqu'au bout. Ce que ne pourront jamais faire les directeurs d'établissement mercenaires qui ne sont là que pour toucher leur pognon. »

PHILIPPE, INFIRMIER À L'HÔPITAL PSYCHIATRIQUE DU ROUVRAY *LIBÉRATION*, 4 DÉCEMBRE 2021.

Le mauvais coin

« J'avais trouvé un boulot sur Le Bon Coin, payé au Smic, dans un élevage de porcs. Je m'occupais des truies en gestation, de leur insémination, de leur nourriture. À un moment, mon responsable s'est mis à maltraiter les truies. Il leur donnait des coups qui les faisaient saigner, ou leur envoyait des décharges électriques avec un bâton, un peu comme un taser, quand elles ne voulaient pas rentrer dans leur box. Celles qui étaient malades n'étaient pas soignées mais tuées à coups de matador [pistolet d'abattage doté d'une tige perforant le cerveau, ndlr]. J'ai demandé pourquoi on ne faisait pas d'euthanasie, comme pour les animaux de compagnie, mais j'ai compris que ça aurait coûté trop cher… Le responsable s'en foutait. Il m'a répondu : "T'as qu'à prendre ma place." J'ai alerté le directeur du groupe dont dépend l'élevage, il ne m'a pas écouté. C'est à ce moment-là que j'ai commencé à filmer et à photographier. Je pétais un câble, j'en avais marre. »

GRÉGORY BOUTRON, ANCIEN EMPLOYÉ DANS UNE PORCHERIE DE L'YONNE ASSOCIATION L214, 19 AOÛT 2021.

Moqueuse

« J'attends avec impatience la vidéo où on pourra râler sur le fait que c'est trop contraignant de sortir avec des personnes en situation de validité, parce qu'on n'a pas envie de devenir leur faire-valoir ou leur psychologue. »

HARRIET DE G. BLOG LES DÉVALIDEUSES, 23 JUIN 2021.

Musclées

« Préparez vos guiboles, c'est la fin du pétrole »

PANCARTE DE CYCLISTE EN « VÉLORUTION » À CAVAILLON, FRANCE BLEU PROVENCE-ALPES-CÔTE-D'AZUR, 6 NOVEMBRE 2021.

Tellement seuls

« Les réfugiés ne sont pas préparés à ces conditions météo. Contrairement à nous, ils ont froid toutes les nuits, ils sont dans le froid en permanence. Même si les températures sont au-dessus de zéro, leur santé est très dégradée. Il y a aussi des enfants, le plus jeune que j'ai vu avait 1 an. Un ami a vu un bébé de 3 ou 4 mois. Ils ont tellement peur [des gardes-frontières polonais] qu'ils ne veulent pas être vus. C'est un tel niveau de peur qu'ils préférent rester dans la forêt et attendre, je ne sais pas quoi… la mort ? C'est la nuit qu'ils se déplacent, alors on met une lumière verte au-dessus de notre porte, un signal lumineux. Le vert, c'est la couleur de l'espoir. On reçoit toutes sortes de dons, pour tenter de faciliter leur voyage vers une vie meilleure par tous les moyens. S'il vous plaît, poussez les autorités de l'Union européenne à résoudre cette crise au plus vite. Parce que nous, les habitants de la région frontalière, nous sommes tous simplement seuls. »

KAMIL SYLLER, AVOCAT POLONAIS HABITANT DE WERSTOK, PRÈS DE LA BIÉLORUSSIE, OÙ LE DICTATEUR ALEXANDRE LOUKACHENKO A ATTIRÉ DES MILLIERS DE MIGRANTS POUR LES FAIRE PASSER EN POLOGNE ET EXERCER UN CHANTAGE SUR L'UNION EUROPÉENNE, BRUT, 19 NOVEMBRE 2021.

À la corne

« Il y a plusieurs années, sur un marché de Provence, une dame m'a donné un tract contre la corrida, j'avais 20 ans, je pensais que cela n'existait plus. De retour chez moi dans la Loire, j'ai regardé sur Internet : plus de deux mille taureaux sont tués dans les arènes françaises. Il y a des écoles taurines où l'on apprend à des enfants à torturer des veaux et à faire une carrière de toréro.
J'ai participé à ma première action militante avec le Comité radicalement anti-corrida, nous avons sauté à cent cinquante dans une arène pour empêcher la torture. Et je suis devenue végane. »

VICTORIA 28 ANS, MILITANTE ANIMALISTE SAINTÉ DEBOUT, 16 MAI 2021.

Choquée

« Où sont les gens ? Où est passée la colère ? En face, les multinationales, elles, ne sont pas en panne. »

CAROLE, MANIFESTANTE POUR LE CLIMAT REPORTERRE, 6 NOVEMBRE 2021.

Pragmatique

« La colère est là parce que je la vis au quotidien, parce qu'elle m'emmerde, parce que ça m'emmerde, la vie que je peux avoir. Si je n'ai pas quelqu'un qui m'aide pour descendre d'un trottoir, parce que le trottoir est trop haut, si je ne peux pas rentrer dans un ascenseur parce qu'il est trop petit… Parce que vous me dites que les bus sont accessibles mais non, tous les bus ne sont pas accessibles. Parce que les gens ne veulent même pas se pousser lorsqu'on ne peut pas rentrer… »

DOMINIQUE FARRUGIA, ACTEUR ATTEINT DE SCLÉROSE EN PLAQUES FACE À SOPHIE CLUZEL, SECRÉTAIRE D'ÉTAT CHARGÉE DES PERSONNES HANDICAPÉES, FRANCE 2, 6 NOVEMBRE 2021.

Éloge du vide

« Après la maison, j'ai acheté le bois, puis les terrains autour pour pouvoir préserver un maximum de surface. Et mon voisin, sur la colline en face, a fait la même chose. Donc, on a 10 000 mètres carrés de terrain en ville qui ne seront jamais construits, j'ai mis tout mon argent dedans !
Les promoteurs immobiliers, ils ne comprennent pas. Je le vois dans leurs yeux. Ils me regardent et me demandent : "Mais, vous allez en faire quoi ?
— Rien !"
Et là, je vois le vide, et j'adore ce moment. Il vaut toutes les thunes que j'ai mises dans ce terrain ! Moi, je suis décroissant parce qu'il y a une équation qu'on ne peut pas résoudre avec la croissance. On le sait ! On a dépassé les pics d'exploitation de tous les minerais. On a tout épuisé. C'est pas qu'il faut mettre le frein à main, c'est qu'il faut faire marche arrière ! »

BOULI LANNERS, COMÉDIEN BELGE REPORTERRE, 5 JUIN 2021.

Botanique
« *Une solution : tout foutre en lierre.* »

BANDEROLE POUR LA DÉFENSE DES JARDINS OUVRIERS MENACÉS PAR UN FUTUR CENTRE D'ENTRAÎNEMENT AQUATIQUE POUR LES JEUX OLYMPIQUES DE PARIS 2024, AUBERVILLIERS, @INSULANABIANCHI TWITTER, 17 AVRIL 2021.

Vert de colère
« Génération climat, génération Adama, même combat : on veut respirer ! »

SLOGAN À L'INAUGURATION DE VERDRAGON PREMIÈRE MAISON DE L'ÉCOLOGIE POPULAIRE, À BAGNOLET, *LIBÉRATION*, 20 JUIN 2021.

Tête haute
« J'ai participé aux championnats du monde d'échecs à Moscou en 2019 et j'ai refusé de porter le hidjab. Cela faisait presque vingt ans que je jouais pour l'équipe nationale d'Iran et dans tous nos voyages, il y avait toujours des agents qui nous accompagnaient et qui nous obligeaient à nous habiller toujours comme ils voulaient, ils contrôlaient tout ce que l'on faisait et j'en avais vraiment marre de tout ça. Enlever mon voile, c'était un message pour les femmes iraniennes parce que la liberté, c'est ce qui est le plus important. »

MITRA HEJAZIPOUR, GRAND MAÎTRE D'ÉCHECS EXCLUE DE L'ÉQUIPE IRANIENNE POUR AVOIR REFUSÉ DE PORTER LE VOILE, FRANCE INFO, 3 AOÛT 2021.

On ne naît pas femme
« On me dit que je suis violente parce que j'ai crié des slogans ou affiché des feuilles A4 sur les murs. Je pense qu'on est trop gentilles, qu'on a un besoin viscéral d'être gentilles. On a peur de faire peur. On nous a beaucoup inculqué qu'il fallait être gentilles, douces. Une féministe, oui, mais une féministe qui ne parle pas, qui ne se révolte pas trop. Le genre féminin a aussi le devoir de plaire, et surtout aux hommes. On a du mal à se détacher de ça, à se dire : OK, je suis féministe, je veux renverser tout ce bordel, mais je m'en fous de plaire, de casser les codes féminins. »

IRÈNE HERMOSO POZA, AUTRICE DE *LA TERREUR FÉMINISTE* NEON MAG, 17 FEVRIER 2021.

Urgence

« Madame la préfète, + de 100 personnes dehors, -10°C, agissez »

BANDEROLE EN FAVEUR DES MIGRANTS À GUILLESTRE, HAUTES-ALPES, 9 NOVEMBRE 2021.

En charge

« J'ai 65 ans, j'habite à Calais, je suis à la retraite depuis trois ans et ça fait vingt-deux ans que je m'occupe des réfugiés. Dans mon garage, tous les jours, je recharge le téléphone des migrants. Au début c'étaient des petits Nokia qui chargeaient en une heure, une heure et demie, et puis après, de fil en aiguille, j'ai eu de plus en plus d'appareils beaucoup plus perfectionnés où il y a besoin de beaucoup de batterie. Je peux recharger 120 batteries, une vingtaine de téléphones. J'ai 93 câbles. […] Quelquefois je leur dis : ne partez pas en bateau, vous allez vous noyer ; c'est pour ça qu'ils ne me disent jamais quand ils vont partir. J'ai un monsieur sénégalais qui a réussi à passer en Angleterre et, tous les samedis, il m'envoie un message. La voisine à côté, elle a fait construire un mur de deux mètres de hauteur parce que ça lui plaisait pas de voir tous ces migrants qui attendent leur téléphone dans ma cour. Ils sont chez moi, mais ça lui convenait pas ! L'idée, c'est donner sans demander en retour. Sinon, je peux m'asseoir dans mon canapé et regarder le film de l'après-midi. »

BRIGITTE LIPS, CRÉMIÈRE A LA RETRAITE
KONBINI NEWS, 26 AOÛT 2021.

Rébellion

« Du 5 décembre au 5 janvier, je m'engage à faire la grève générale. Aucun achat, aucune dépense, aucune transaction bancaire, aucun visionnement des médias propagandistes, aucun travail. Je mangerai, dormirai, marcherai et vous tiendrai compagnie afin qu'on retrouve tous notre liberté. »

LYPEMANIE
TWITTER, 3 DÉCEMBRE 2021.